国家级职业教育规划教材
全国中等职业技术学校商贸类专业通用教材

商务礼仪

董萍　主编
人力资源和社会保障部教材办公室　组织编写

中国劳动社会保障出版社

简介

本教材为国家级职业教育规划教材。

本教材讲授了商务活动中的基本礼仪规范，主要包括礼仪与商务礼仪、商务形象礼仪、商务沟通礼仪、商务交往礼仪、商务活动礼仪和涉外礼仪等内容。

本教材由董萍任主编，王国庆、刘红江参与编写。

图书在版编目(CIP)数据

商务礼仪/董萍主编. —北京：中国劳动社会保障出版社，2015
全国中等职业技术学校商贸类专业通用教材
ISBN 978-7-5167-2132-2

Ⅰ.①商…　Ⅱ.①董…　Ⅲ.①商务-礼仪-中等专业学校-教材　Ⅳ.①F718

中国版本图书馆 CIP 数据核字(2016)第 004269 号

中国劳动社会保障出版社出版发行

(北京市惠新东街 1 号　邮政编码：100029)

*

三河市华骏印务包装有限公司印刷装订　　新华书店经销

787 毫米×1092 毫米　16 开本　9 印张　186 千字

2016 年 3 月第 1 版　　2021 年12月第13次印刷

定价：17.00 元

读者服务部电话：(010) 64929211/84209101/64921644

营销中心电话：(010) 64962347

出版社网址：http://www.class.com.cn
http://jg.class.com.cn

出版说明

全国中等职业技术学校商贸类专业通用教材共10种，分别为《会计基础》《统计基础》《经济法基础》《企业管理基础》《电子商务基础》《市场营销》《商务沟通》《商务礼仪》《公关关系实务》和《财经应用文写作》。

商贸类专业主要包括市场营销、会计、电子商务、物流管理等，这些专业虽然在专业内涵和外延上各有侧重，但在诸如经济、法律、管理、营销、礼仪等方面对学生基础知识和基本能力的要求具有一定的共通性，因而学校在专业基础课程上可以对学生进行通识教育。本套教材的开发就是基于这一目的，为这些专业构建一个通用平台，供教师根据教学实际选用。

教材编审人员由教学经验丰富的一线骨干教师及企业专家组成，他们根据中职商贸类专业教学要求及学生的认知规律，在教材编写过程中，精心设计教材结构，合理选择教学内容，始终注重表现形式，使教材具有结构清晰、内容丰富、表述简洁、易教易学的特点。

为了便于教师开展教学工作，本套教材配套开发了习题册和电子课件。习题册答案及电子课件可登录www.class.com.cn，搜索相应的书目，在相关资源中下载。

目　录

第一章 礼仪与商务礼仪

第一节 礼仪概述

学习目标

- 了解礼仪的概念
- 掌握礼仪的基本内容
- 掌握礼仪的基本特征
- 理解礼仪的原则和功能

英国礼仪专家埃米莉·波斯特认为：礼仪的根本目的是“使世界成为一个充满生活乐趣的地方，使人变得平易近人”，“要学会实行被人们广为接受的各种礼仪。因为，岁月已经证明，礼仪既有迷惑力，又合乎实际，也不会引起任何反感”。

一、礼仪的概念

礼仪是指人们在一定的社会交往场合，为表示相互尊重、敬意、友好而约定俗成的、共同遵循的行为规范和交往程序。礼仪是礼和仪的合一，“礼”为礼貌礼节，“仪”指仪表仪式。

案例 1—1—1

一家公司招聘总经理助理，经过多次筛选淘汰，最后剩下五位竞聘者，决定胜出者的最后一轮考试让他们终生难忘。考场是一座五层的办公楼，五位竞聘者由工作人员带领，当他们沿着阶梯逐级而上，最后进入考场时，只见总经理和主考人员已经坐在考场等候。当五位竞聘者坐下后，总经理马上宣布考试已经结束，优胜者就是走在最后面的这位先生。顿时，五位竞聘者大惑不解，总经理解释道：“你们进入办公室的过程就是考试。请看录像：你们走到第二层的楼梯途中，地上有一枚 1 角硬币，前四位先生无动于衷，最后这位先生把它捡了起来。进入办公室后，他把硬币交给了我。在你们走到第三层楼的出入口时，有位员工捧着一大摞资料出来，不小心滑了一下，资料撒了一地，前四位先生视而不见，还是最后这位先生帮助他捡了起来。这两件事虽小，但却反映了一个人的修养。修养是一种宝贵的财富，也是一种竞争优势。”

二、礼仪的内容

1. 礼节

礼节是人们在相互交往的过程中，相互表示尊敬、问候、欢迎、哀悼、祝福等的习惯形式。这些习惯形式在历史过程中随着时代的发展而不断变化。比如，在中国古代，见了尊者要行跪拜礼。当今，人们已经习惯了以点头、微笑、握手的形式相互致意。

2. 礼貌

礼貌是人们在社会交往过程中良好的言谈和行为。它主要包括口头言语的礼貌、书面语言的礼貌、态度和行为举止的礼貌。

礼貌是人道德品质修养的最简单、最直接的体现，也是人类文明行为最基本的要求。比如，在案例1—1—1中，最后那位竞聘者看见员工撒落在地的资料，马上帮助他捡起来。这简单的动作不仅为这位竞聘者赢得了工作，也体现了他良好的个人修养。

3. 形象

形象是指人的外在表象，包括仪容、仪表、仪态。

“仪容”重在人的容貌；“仪表”重在人的服饰、风度；“仪态”重在人的姿态。仪容、仪表、仪态综合起来，构成了一个人展示给其他人的外在表象。得体的形象既是对他人的一种尊重，也是自尊、自重、自爱的一种表现。

4. 仪式

仪式是礼的秩序形式，即为了表示敬意或隆重，在一定场合举行的、具有专门礼节程序的规范化活动。比如各种各样的庆典、聚会，各民族的婚礼、丧礼，各种场合的颁奖仪式、签字仪式等。

案例1—1—2　　她为什么受到冷遇？

张女士是位商务工作者，由于业务成绩出色，随团到中东地区某国考察。抵达目的地后，受到东道主的热情接待，并举行宴会招待。席间，为表示敬意，主人向每位客人一一递上一杯当地特产饮料。轮到张女士接饮料时，“左撇子”的张女士不假思索，便伸出左手去接，主人见此情景脸色骤变，不但没有将饮料递到张女士的手中，而且非常生气地将饮料重重地放在餐桌上，并不再理睬张女士，这是为什么？

案例解析：《礼记》云：“入境而问禁，入国而问俗，入门而问讳。”作为从事多年商务工作的张女士，理应对中东地区的忌讳习俗有一个基本的了解，但她却忽略了这一点。中东地区是伊斯兰教教徒最为集中的地区，不少国家还把该教定为国教。按伊斯兰教教规习俗，左手是拿不干净东西的，故在人际交往中，忌用左手递接物品。当东道主用右手递送饮料时，张女士应用右手接取，但她仍然习惯性地用左手去接，这是犯了中东地区不用左手的忌讳，而且是对主人的极大侮辱，难怪东道主满脸怒容，不再理睬她了。

孔子在《论语》中把礼仪的外在表现和思想内涵作了一个全新的概述。“质胜文则野，文胜质则史，文质彬彬，然后君子”。这句话的意思是，质朴胜过文雅，就显得粗野；文雅胜过质朴，就显得做作；只有礼节、礼貌和质朴的品格结合在一起，才是君子应有的风范。

礼仪培养是一个长期的过程，是一个学会“做人”的过程。所以，应提倡的是“内外兼修”，两个方面相辅相成。

三、礼仪的基本特征

1. 广泛性

所谓广泛性，主要是指礼仪在整个人类社会的发展过程中普遍存在，并被人们广泛认同。礼仪无处不在，礼仪无时不在。

礼仪贯穿着人类社会的始终。上至国家下至家庭，从国内到国际，从政界到商界，生活中的衣、食、住、行各个方面，都有具体的礼仪规范。

2. 差异性

俗话“十里不同风，百里不同俗”就能很好地表达礼仪的差异性。

礼仪作为一种约定俗成的行为规范，其运用要受到时间、地点和环境的约束，同一礼仪会因时间、地点或对象的变化而有所不同。这就是礼仪差异性的特点。

礼仪的差异性首先表现为民族差异性，不同民族的礼仪多姿多彩，各具特色。各民族的习俗礼仪都凝结着本民族、本地区人民的文化情结，人们严格遵循，苦心维护，难以改变。比如同是见面礼，不同的民族有着不同的表现形式。礼仪的差异性还表现为个性差异，每个人因其地位、性格、资质等因素的不同，在使用同样的礼仪时会表现出不同的形式和特点。比如同是出席招待会，男士和女士要有不同的表现风格。礼仪的差异性还表现在其时代变异性，它随着社会的进步而不断发展、丰富和完善。礼仪总是体现着时代要求和时代精神，因而会随着时代的发展而产生差异。世界各国都很重视礼仪改革，现代礼仪发展变化的趋势是使礼仪活动更加文明、简洁和实用。

3. 时代性

礼仪不是永远不变的，它随着时代的发展而发展。

礼仪作为一种文化范畴，必然具有浓厚的时代特色。任何时代的礼仪由于其时代的特性和内容，往往就决定了它的表现。礼仪随着时代发展在不断变化，因此，具有时代性特点。

例如，过去的跪拜礼，现代用点头、鞠躬、举手礼等代替；新中国成立初期，迎接外宾的大规模欢迎仪式，随着国际交往的增多，现在大大简化了；过去“串门”的习俗随着人们生活节奏的加快减少了，没有十分必要很少串门了，即使做客，也是办完事就走，免得打扰别人。

时代的特色对文化的冲击是巨大的，可以说，每个时代的文化正是时代变迁的缩影，而礼仪文化也如此。

4. 互动性

人际交往是相互影响、相互作用的关系，礼仪是人际交往中双向交流、相互尊重的过程。俗话说“你敬我一尺，我敬你一丈”，这话虽有些夸张，但充分说明了礼仪的互动效果。礼仪的互动性在协调人际关系方面起着重要的作用。

古今中外，流传着许多脍炙人口的礼仪互动故事。如战国时期的“蔺相如礼让廉颇”到“廉颇负荆请罪”，最后成就了一段流芳千古的“将相和”美谈。

四、礼仪的原则

1. 尊重原则

尊重是礼仪的核心。尊重原则包括自尊和尊重他人。

在社会交往中，尊重他人应当体现在尊重他人的意见，尊重他人的正当权利，尊重他人的人格，尊重他人的劳动，尊重他人的爱好和习惯，尊重他人的隐私权。

案例 1—1—3　　重视每一个顾客

一日，汤姆·霍普金斯和往常一样打开了样板房，等待顾客上门。

不一会儿，一辆破旧的车子驶进了屋前的车道，一对年老邋遢的夫妇走了进来。汤姆热诚地和他们打招呼表示欢迎。此时，建筑商杰尔却摇头示意汤姆：“别在他们身上浪费时间。”汤姆没有理会，依然热情耐心地接待这对年老的夫妇。认定汤姆在浪费时间的杰尔恼怒地离去了。

汤姆带着这对年老的夫妇仔细地参观这栋豪华房子，房屋内部气派典雅的格局深深地震撼着这对年老的夫妇。

在参观完房子的每一个角落后，这对年老的夫妇私下商量了五分钟，做出了最终决定。丈夫从外套口袋里取出了一个破损的纸袋，拿出一沓钞票，堆在楼梯的梯级上。这是老人一辈子担任酒店服务生领班积攒下来的小费……

杰尔回来看到那张已签好的合同，惊呆了！

案例解析：商务礼仪中要注意尊重每一位顾客。

2. 平等原则

平等原则要求对待任何交往对象都必须一视同仁，给予同等程度的礼遇，不能因交往对象在年龄、性别、种族、文化、职业、身份、地位、财富及与自己的关系等方面有所不同而区别对待，给予不同的礼遇。

3. 守时原则

一般约会要事先发出邀请，不论是邀请方还是应邀方，一旦答应，就应该按时履约，遵守时间，信守诺言。无论什么理由，不遵守时间都是不礼貌的，也会被视为不诚信。不讲究诚信，就不会有商品经济的发展，就不会有国际合作的加强，就不会有社会进步。

4. **适度原则**

英国哲学家培根说："礼貌举止好比人的穿衣，既不可太宽，也不可太紧。"这句话就表述了适度原则。

适度原则要求运用礼仪时要因人、因事、因时、因地恰当处理，要注意技巧，把握分寸，认真得体。例如，在一般交往时，既要彬彬有礼，又不能低三下四；既要热情大方，又不能轻浮谄谀。具体地讲，如在握手时，毫不用力是失礼，用力过大同样是失礼。

五、礼仪的作用

1. **完善个人形象**

要提升自己的人格魅力，就必须从塑造自身的形象开始。为什么有些人在说话、举手投足、微笑或者问候，甚至是接听电话时都会给人一种很美妙的感觉，而有些人则恰恰相反，这就与个人形象有关。

案例 1—1—4

小张是某公司的员工，某天正好去财务部窗口领工资。在等候的时候，他随手把手中捏着的一张无法报销的票据揉成团扔在了地上。其他部门的同事看见了，心里说："那个××部门的人素质真差！"恰巧此时有位顾客来财务部交定金，他看到小张把纸团扔在地上，心里想："这个公司的员工如此行事，他们做的东西质量会好吗？售后服务会有保障吗？还是先别交定金了吧，回去再斟酌斟酌！"生产部经理陪着几位外商参观公司，正好路过这里，地上的纸团没有逃过大家的眼睛，结果外商指着纸团问老板："这样的员工，能做出符合质量要求的产品吗？"本来不费吹灰之力便能扔到垃圾桶里的一小团废纸，导致公司失去了数百万元的订单。

案例解析：在商务场合当中，个人的行为举止不仅仅代表着本人，还代表着为之工作的部门、部门所属的公司、公司所属的集团，甚至代表集团所属的地区以及祖国。

2. **塑造组织形象**

良好的组织形象是任何组织所刻意追求的目标，组织形象的塑造处处都需要礼仪。

组织形象常常是在不经意间体现并塑造出来的。整洁幽雅的环境，宽敞明亮、井然有序的办公室，色彩柔和的服饰，彬彬有礼的员工，富有特色的广告，独具个性、富有哲理的价值观等，都会给公众留下深刻的印象。

案例 1—1—5

小王一直想购买一辆轿车，以解决每天上下班的问题。在考察了多家车行的数款家用车之后，她看中了别克系列的一款银色轿车。这天是周末又是她的生日，她来到一家车行时已是中午时分，车行销售人员正在吃饭，对她的到来并不十分关注。她孤独冷清地转着，那辆银色别克好像也不是那么醒目了。她转身走到隔壁另一家车行，刚进门一位小伙子就满面笑容地走近向她问好，并亲切地向她介绍车行所代理的品牌。交谈中，小王觉得很开心并透露了想在生日这天开上自己心爱的车的心愿。小伙子把她带到银色别克轿车前，然后就离开了。不多时，小伙子手捧一束鲜花出现在她的面前。当他对小王说出“生日快乐”时，小王眼前的银色别克特别耀眼。她从这家车行开走了心仪的车。

案例解析：两个车行同样在吃饭的时间接待顾客的态度截然不同，也反映了不同的组织形象，收到的效益自然不同。

礼仪贯穿于组织各项工作的始终，每个人都应时刻明确自己的角色并充分认识到重视礼仪对改善组织形象的积极作用，同时也应认识到礼仪效应，它也会为组织赢得良好的经济效益和社会效益。

六、学习礼仪的方法

1. 树立意识

在明确礼仪重要性的基础上，最要紧的就是必须树立长久的“习礼意识”，处处留意，时时经意。

2. 观察学习

“纸上得来终觉浅，绝知此事要躬行”。生活就是最好的老师，可以向生活中彬彬有礼的人学习、模仿，也可以观察有哪些行为举止是不符合礼仪规范的。看到生活中不礼貌的行为举止，要学会自我反省和自我批评。

3. 实践操练

礼仪学习更重要的是能力的训练，而不是知识的学习。如果不将礼仪知识运用到礼仪实践中，单纯的知识学习没有更多的意义。

4. 重复渐进

个人礼仪的确会给人们以美好，给社会以文明，但所有这一切，都不可能立竿见影，也不是一日之功所能及的，必须经过个人长期不懈的努力和社会持续不断的发展。因此，对个人礼仪规范的掌握切不可急于求成，更不能有急功近利的思想。在人际交往频繁的社会活动中，必须时时处处注意自己的整体形象，无论是仪容、服饰，还是言谈、举止，都应该在礼仪规范的指导下，一以贯之地形成自己的风格。

第二节　商务礼仪概述

学习目标

- 了解商务礼仪的概念及其组成
- 掌握商务礼仪的特征
- 了解商务礼仪的原则与作用

一、商务礼仪的概念

商务礼仪是根据礼仪适用对象而产生的一个礼仪分支。商务礼仪，指的是人们在商务活动中，用以维护企业形象或个人形象，对交往对象表示尊重和友好的行为规范和惯例。简单地说，就是人们在商务场合适用的礼仪规范和交往艺术。它是一般礼仪在商务活动中的运用和体现。

知识链接　　**商务礼仪与普通礼仪的区别与联系**

普通礼仪的礼一般是指尊重别人，仪是指规范自己，体现了一个人的文明素养程度。

商务礼仪相对于普通礼仪而言，更具有专业性、规范性和可操作性，并且和企业的经济效益密切相关。

二、商务礼仪的组成

商务礼仪可以由商务礼节与商务仪式两部分组成。

商务礼节指的是企业商务人员在企业商务活动中为了表示尊重之意而采取的具有时代和地域特色的约定俗成的规范。

商务仪式则是商务活动中特定的仪式，比如剪彩、签约等。

三、商务礼仪的基本特征

1. 规范性

商务礼仪作为指导、协调商务活动中人际关系的行为方式和活动形式，广泛涉及社会经济生活的各个方面，并作为社会中全体成员调节相互关系的行为规范，被各国家、各民族、各阶级、各党派、各社会团体及各阶层人士共同遵守。商务礼仪的规范性使礼仪的实施易于落到实处，也便于通过专门训练达到预期的效果。如：签署涉外商务合同时，根据国际惯例，合同文本应同时使用两国的法定官方语言，或是使用国际通行的英文和法文，除准备待签的正式合同文本外，还须向各方提供一份副本。

案例 1—2—1

有一位先生为一位外国朋友订做生日蛋糕。他来到一家酒店的餐厅，对服务小姐说：“小姐，您好，我要为我的一位外国朋友订一份生日蛋糕，同时打一份贺卡，你看可以吗?”服务员小姐接过订单一看，忙说：“对不起，请问先生，您的朋友是小姐还是太太?”这位先生也不清楚这位外国朋友结婚没有，从来没有打听过，他为难地抓了抓后脑勺想想说：“小姐？太太？一大把岁数了，太太。”生日蛋糕做好后，服务员小姐按地址到酒店客房送生日蛋糕，敲门后一位女子开门，服务员小姐有礼貌地说：“请问，您是怀特太太吗?”女子愣了愣，不高兴地说：“错了!”服务员小姐丈二和尚摸不着头脑，抬头看看门牌号，再回去打个电话问那位先生，房间号码没错。服务员小组再敲一遍门，女子开门后，服务员小姐说：“没错，怀特太太，这是您的蛋糕。”那女子大声说：“告诉你错了，这里只有怀特小姐，没有怀特太太。”啪一声，门被大力关上，蛋糕掉到了地上。

案例解析：本案例就是由错误的称呼所造成的。在西方，特别是女子，很重视正确的称呼。如果搞错了，引起对方的不快，往往好事就变成坏事。所以，进行商务活动时，要注意商务礼仪具有一定的规范性。

2. 继承性

商务礼仪是在一般礼仪基础上发展起来的，礼仪规范将人们在交往中的习惯、习俗、准则逐渐固定并沿袭下来，形成继承性的特点，它是人类精神文明的标志之一。当代礼仪都是在既往礼仪基础上继承、发展起来的。礼仪是约定俗成的，它随着社会的发展和人们观念的变化也会逐渐改变。例如，在商务会面时，常用的握手礼来源于最初的摸手礼。传说，当时人们在路上遇到陌生人时，如果双方均无恶意则会放下手中东西，伸开自已的一只手（通常是右手），手心朝前，向对方表明自已手中没有武器，两人走近后再互相抚摸掌心，以示友好，这一习惯沿袭推广，就成了现在广泛适用的握手礼。

3. 差异性

虽然不同民族、不同地域、不同宗教的礼仪及规范有许多相通之处和共同特征，但差异也是非常普遍的。由于国家、地区、宗教、民族、时间、对象等差异，商务礼仪的规范和方式有很多不同之处，礼仪存在着民族性和地域性。如西方国家亲朋好友见面时一般行拥抱礼和亲吻礼，以示热情友好；日本人则以鞠躬礼为主；我国一般行拱手礼，现在以握手礼较为常见。可见，不同民族、不同国家有着截然不同的礼仪习俗和规范。

4. **发展性**

商务礼仪会随着社会的发展、时代的变迁而不断发展更新。一方面，是由于社会的进化使礼仪不断发展和完善；另一方面，随着国际交往的扩大，以及各国的政治、经济、思想、文化等因素的渗透，商务礼仪被赋予的新内容增加，礼仪的改革受到重视，简洁、实用、文明的礼仪活动形式是发展的总趋势。如中国古代的“跪拜礼”到辛亥革命推翻帝制后即废止。

四、商务礼仪的原则

1. **守时守信原则**

在商务活动中，人们更多地依靠对对方诚信品质的信任，而这种诚信品质最直接的表现就是守时守信，遵守时间和约定：一方面是在商务活动中对时间和承诺的信守；另一方面要求商务人员不要轻易许诺，以防出现不能守时、守信的尴尬局面。

2. **尊重隐私原则**

在商务活动中，商务人员必须尊重他人的隐私信息，包括身高、体重、婚姻状况、年龄、收入、财产等个人信息。一方面是为了保护个人自由选择生活方式的权利，另一方面是为了保护个人财产、生活和工作的安全。

3. **真诚尊敬原则**

真诚是做人之本，也是商务人员的立业之道。从事商务活动，并非短期行为，商务活动讲求礼仪，只有恪守真诚原则，才可能有长远效益。尊敬是礼仪的情感基础。尊敬客户、关心客户，这不是自我卑下的行为，反而是一种至高无上的礼仪，它说明一个人具有良好的个人内在素质。尊敬人还要努力做到入乡随俗，尊重他人的喜好与禁忌。

4. **系统整体原则**

礼仪是一个完整体系，在商务活动中，不能忽视其整体性，并注意采集信息应完整。来宾或合作对象的性别、年龄、国籍、民族、宗教、信仰、职业，都决定了其适应并喜好什么样的礼仪接待，搞错一个环节都可能带来负面效果。

案例 1—2—2

国内某公司有一次准备在接待来华的意大利宾客时送每人一件小礼品。于是，该公司订制了一批丝手帕，是杭州制作的，还是名厂名产，每块手帕上绣着花草图案，十分美观大方。

公司接待人员带着盒装的丝手帕，到机场迎接来自意大利的宾客，欢迎词热情、得体。在车上他代表公司赠送给每位宾客两盒包装甚好的手帕作为礼品。没想到车上一片哗然，议论纷纷，宾客显出很不高兴的样子。特别是一位夫人，大声叫喊，表现得极为气愤，还有些伤感。

原来，在意大利和西方一些国家有这样的习俗：亲朋好友相聚一段时间告别时才送手帕，取意为“擦掉惜别的眼泪”。

案例解析：在本案中，意大利宾客刚刚踏上盼望已久的中国大地，准备开始愉快的旅行，就让人家“擦掉惜别的眼泪”，宾客当然不高兴。那位大声叫喊的气愤的夫人，是因为她所得到的手帕上面还绣着菊花图案。菊花在中国是高雅的花卉，但在意大利则是祭奠亡灵的。人家怎么能不愤怒呢？

5. 公平对等原则

在商务活动中，对任何交往的对象都必须一视同仁给予同等程度的礼遇。如果有亲有疏，厚此薄彼，傲慢冷落，曲意逢迎，都会被视为不礼貌。

案例 1—2—3

某公司的场地构造有些特殊，进门的玄关旁边有一个座位，由于负责财务的刘姐不用和他们项目组的同事坐在一起，所以玄关的位子就是她的座位。该公司几个月前来了一个大学生，每次进门首先看见刘姐，招呼不打一声，头也不点一下，直瞪瞪地看她一眼就走进去了。刘姐怀疑这个大学生可能以为她只是一个前台的阿姨，所以如此不屑一顾。后来大概这个大学生终于搞清楚刘姐并不是什么接接电话、收收快递的阿姨，而是掌管她每个月工资的“财政大臣”，猛地就开始殷勤了起来，一进门“刘老师”叫得山响。但是，刘姐心里的感受却不一样了，即使现在对她再怎么尊敬，毕竟是有原因的，刘姐对这个大学生也生不出什么好感。

案例解析：这位大学生在不清楚刘姐的身份和知道刘姐身份后态度转变如此之大，就是没有尊重交往对象、以礼相待、一视同仁的表现。

6. 女士优先原则

“女士优先”是国际社会公认的一条重要的礼仪原则。在商务活动中，每一位成年男子都有义务自觉、一视同仁地尊重、照顾、体谅、关心、保护女士。

案例 1—2—4

一天，迎宾员小贺穿着一身裁剪得体的新制服，第一次独立地走上了迎宾员的岗位。一辆白色高级轿车向饭店驶来，车子停靠在饭店旋转门前。小贺摆好姿势并目视客人，礼貌亲切地问候，动作麻利而规范、一气呵成。小贺看到后排坐着两位男士、前排副驾驶座上坐着一位外国女宾。小贺一步上前，先为后排客人打开车门，做好护顶关好车门后，小贺迅速走向前门，准备以同样的礼仪迎接那位女宾下车，但那位女宾满脸不悦，使小贺茫然不知所措。

案例解析：通常后排座为上座，一般凡有身份者皆在此就座。但在西方国家流行着这样一句俗语：“女士优先。”西方人有一种形象的说法：“除女士的小提包外，男士可帮助女士做任何事情。”迎宾员小贺未能按照国际上通行的做法先打开女宾的车门，致使那位外国女宾不悦。

7. 适度自律原则

在商务活动中，要注意各种不同情况下的社交距离。要注意感情适度、谈吐适度、举止适度。自律就是自我约束，时时刻刻遵循礼仪的规范，严于律己，不论是在上司面前还是出于业务的考虑，自律都是一个人素质的体现。

案例 1—2—5

小张研究生毕业后到了一家大型企业工作，他自己对这份工作很满意。但是他与领导和同事却不能相处融洽，小张总觉得是别人故意为难他、嫉妒他。但实际上，他以高学历自居，在单位里从不与他人主动打招呼，也不会很有礼貌地与人交谈，更不把领导放在眼里。对于领导交办的任务，他总觉得自己大材小用，做起来不是很用心，结果让领导很不满意；对于同事，小张也是自视甚高，总抱怨这个同事不配合、那个同事不能干，出了成绩主动去邀功，发生了问题第一个找领导推卸责任来保住自己。久而久之，大家都知道他的为人，自然对他也有了戒备的心理。

问题：案例中的小张触犯了哪些商务礼仪的原则？假如是你，该如何做？

五、商务礼仪的作用

商务礼仪是人们的行为规范和准则，它作为企业文化、企业理念不可或缺的组成部分，对于塑造良好形象，扩大商务交往，促进事业成功都具有十分重要的作用。

1. 形象作用

商务礼仪的基本目的就是塑造个人和企业的良好形象。企业的每一个商务人员在与他人接触的过程中，其一言一行、一举一动都关系着企业的形象。良好的企业形象是企业巨大的无形资产。

2. 沟通作用

商务活动是一种双向交往活动，交往的成功与否，首先取决于沟通的效果如何。沟通包括交谈、通信联系等。沟通是需要技巧的，不是简单的谈话、电话联系都能在商务交往中发挥好自己的作用，所以规范的沟通技巧是商务交往成功的关键。

3. 协调作用

国际商务礼仪是商务交往和谐发展的调节器，遵循它有助于调节感情、增进理解，加强人们之间相互尊重、友好合作的关系，也可消除那些不必要的障碍。礼仪作为一种行为规范，所表现出的真诚守信的精神和种种周全的礼仪形式，本身就是以双方的互相尊重、平等待人为前提的。秘书人员在与本组织中的其他成员或同商务交往对象的人员发生联系时，必须恰当地运用礼仪，其表现出来的协调能力制约着商务目标的实现。

4. 规范作用

“没有规矩，不成方圆”，商务礼仪的规范就是商务人员待人接物的标准做法。在商务礼仪中，个人仪态呈现给对方的是第一感知印象，也就是所谓的三秒钟印象，这种印象可以为自己下面的商务交往行为带来很大的影响，所以，规范的仪态在商务礼仪中起到的是先期成功铺垫作用。

案例 1—2—6

艾丽是位热情而敏感的女士，在中国某著名的房地产公司任副总裁。有一天，她接待了来访的建筑材料公司主管营销的韦经理。韦经理被秘书领进了艾丽的办公室，秘书对艾丽说："艾总，这是某某公司的韦经理。"艾丽离开办公桌，面带微笑，走向韦经理。韦经理先伸出手来，让艾丽握了握。艾丽客气地对他说："很高兴你来为我们公司介绍这些产品。这样吧，让我先看一看这些材料，再和你联系。"韦经理在几分钟内就被艾丽请出了办公室。几天内，韦经理多次打电话，但秘书的回答是："艾总不在。"到底是什么让艾丽这么反感一个只说了两句话的人呢？艾丽在一次形象课上提到这件事："首次见面，他留给我的印象是不懂基本的商务礼仪，还没有绅士的风度。他是一个男人，职位又低于我，怎么能像王子一样伸出高贵的手来让我握呢？他伸给我的手不但看起来毫无生机，握起来更像一条死鱼，冰冷、松软、毫无热情。当我握他的手时，他的手掌也没有任何反应，握手的这几秒钟，他就留给我一个极坏的印象。他的心可能和他的手一样冰冷。他的手没有让我感到对我的尊重，他对我们的会面也并不重视。作为一个公司的销售经理，居然不懂得基本的握手方式，他显然不是那种经过高级职业训练的人。而公司能雇用这样素质的人做销售经理，可见公司管理人员的基本素质和层次也不会太高。这样素质低下的人组成的管理阶层，怎么会严格遵守商业道德，提供优质、价格合理的建筑材料呢？我们这样大的房地产公司，怎么能与这样的小公司合作呢？怎么会让他们为我们提供建材呢？"

六、商务礼仪的培养

1. 懂得"秀外慧中"

一个人的外表包装是简单的，而提高和改善人的修养和内心世界却是复杂、深刻和全面的。外在美只有与内在美达到和谐统一时，神情才会超凡脱俗，"慧于中"才能"秀于外"。一个人如果没有道德、情操、智慧、理想等内在美作为基础，那么再好的先天条件，再精心的打扮也只能是一种肤浅的美。所以一个人在注重个人仪容、仪表修饰的同时，必须不断加强自己内在素质的培养。

2. 调控行为与情绪

遵循个人礼仪规范，也少不了自我克制和自我约束。这种克制和约束体现为严格按照一定的个人礼仪标准规范自己的言行举止。我国古人云："非礼勿视，非礼勿听，非礼勿言，非礼勿动。"概而言之就是要"立于礼"。当今社会，人与人之间交往频繁，在一举手、一投足间若失了分寸，就会引起别人的不快乐和不舒服。因此，在社会交往活动中，要坚持"宁可让人待己不公，也不可自己非礼他人"的美德。

3. 提高个人修养

"金无足赤，人无完人"，然而现实生活中，人们却都在以各种不同的方式追求着自身的完美，寻找通向完美的道路。

案例 1—2—7

一名在德国的外国留学生，学业成绩很优秀，动手能力也很强，拿到博士学位后，自认为可以轻易地留在德国工作，没有任何问题。可他在求职中遇到了很多意想不到的麻烦。他四处求职，拜访过许多著名的大公司，均遭到拒绝，对方也没有对他说出任何拒聘的理由。直到他到一家很小的计算机公司去求职，仍然遭到了公司很有礼貌的拒绝。后来他才得知遭到拒绝的原委：这一切都因为自己乘坐公交车时曾经有过 3 次逃票的记录。这使得他更加气愤——就因为这么点鸡毛蒜皮的小事，就小题大做，把一个博士生拒之门外。

因此，只有将内在美与外在美统一于一身的人才称得上唯真唯美，才可冠以“完美”二字。加强个人礼仪修养是实现完美的最佳方法，它可以丰富人的内涵，增加人的“含金量”，从而提高自身素质的内在实力，使人们面对纷繁社会时更具勇气，更有信心，进而更充分地实现自我。

思考与练习

一、简答题

1. 简述礼仪的概念。

2. 简述礼仪包含的方面。

3. 简述商务礼仪的特征。

4. 简述商务礼仪的原则。

二、实践题

1. 张先生入住某酒店，在大堂、客房、餐厅、商务中心等处，服务员见到他时都亲切地问候：“你好!”开始张先生亲切微笑，点头回礼，后来却面无表情，甚至反感，服务员茫然不知所措。你能够猜出原因吗?

2. 几个年轻人到避暑山庄游玩，想抄近路去外八庙，向一位姑娘问路：“小师傅，请问去外八庙的路怎样走?”姑娘怒目圆睁，愤愤而去，几个年轻人莫名其妙，不明白哪里得罪了姑娘。你知道吗?

3. 你代表的企业与一位外商谈妥了一项进出口协议，但就在当晚赴庆祝酒会途中，发生了严重的堵车，按时到达已不可能，此时你应该怎么办?

4. 案例分析——小李的面试

一次某公司招聘文秘人员，由于待遇优厚，应者如云。中文系毕业的小李前往面试，在所有的应聘者中，她的背景材料是最棒的：大学四年中，在各类刊物上发表了 3 万字的作品，内容有小说、诗歌、散文、评论、政论等，还为六家公司策划过周年庆典，一口英语表达极为流利，书法也堪称佳作。小李五官端正，身材高挑、匀称。面试时，招聘者拿着她的材料等她进来。小李穿着迷你裙，露出藕段似的大腿，上身是露脐装，涂着鲜红的唇膏，轻盈地走到一位考官面前，不请自坐，随后跷起了二郎腿，笑眯眯地等着问话，孰料，三位招聘者互相交换了一下眼色，主考官说："李小姐，请下去等通知吧。"她喜形于色地说道："好。"挎起小包飞跑出门。

问题：你觉得李小姐应聘职位会成功吗？为什么？

第二章 商务形象礼仪

第一节 仪态礼仪

学习目标

- 掌握正确的站姿、坐姿、走姿、蹲姿
- 能在商务场合正确合理运用目光、微笑、手势等

仪态是指人在行为中的姿势和风度。姿势是指身体呈现的样子，风度是指气质的表露。“站有站相、坐有坐相”“站如松、坐如钟、行如风、卧如弓”是传统文化对仪态的要求。在商务活动中，仪态礼仪主要包括站姿、坐姿、行姿、蹲姿、表情、手势等几方面。

一、站姿

站姿是人们日常生活中最为引人注目的姿势，它是构成一个人整体气质的基础。心理学家发现，站得直的人通常给人自信和正直的感觉。因此，商务人士应当特别注意自己的站姿。

1. 正确的站姿

正确站姿的要领是肩平、臂垂、躯挺、腿并。站立时两眼要平视，表情自然。双肩微微放松并保持平正，脖颈挺直，下巴稍稍向后收。两臂放松，双手自然下垂贴近裤缝。挺胸收腹，双腿站直而臀部与大腿稍微收紧，膝部放松。双脚并齐，脚跟并拢，两脚稍稍分开一定角度，身体重心落于前脚掌。

常见站姿见表 2—1—1。

表 2—1—1　　常见站姿

站姿	示意图	具体要求	特点
腹手站姿		两手在腹前交叉，右手搭在左手上，贴在腹部。男士可以两脚分开平行站立，但两脚之间的距离不得超过肩宽。女士则可用小丁字步	•端正、郑重，但又不失自由与放松 •在站立中身体重心可在两脚间转换，以减轻疲劳感
背手站姿		即双手在身后交叉，贴在两臀中间，右手贴在左手外面。两脚可分可并。分开时，不超过肩宽，脚尖展开，两脚夹角成 60°，挺胸立腰，收颔收腹，双目平视	•美中略带威严，易产生距离感 •如果两脚改为并立，则体现出对对方的尊重 •该站姿适用于男性
侧放式站姿		即双手放在身体两侧，自然下垂，挺胸、收腹，手自然弯曲，中指对准裤缝，两脚可以并拢也可以分开，还可以成小丁字步	该站姿男女通用
单背手式站姿		以基本站姿为基础，站成左丁字步时左手背后，右手下垂，呈左背手站姿。相反，站成右丁字步时右手背后，左手下垂，呈右背手站姿	该站姿适用于伸手示意或迎宾时
单臂前曲式站姿		以基本站姿为基础，站成左丁字步时右手臂肘关节弯曲，前臂抬至横隔膜处，右手手心向里，手指自然弯曲，左手下垂，呈右臂前曲式站姿。相反，站成右丁字步时左臂前曲，右手下垂，呈左臂前曲式站姿	该站姿适用于手持物品站立时

案例 2—1—1

李欣是个身体条件很好的年轻女孩，她不仅身材高挑匀称而且五官也很漂亮。然而在参加一次空姐招聘时，满怀信心的她虽然顺利地通过了照片海选，却很意外地在第一轮面试后就被淘汰了。得知结果后李欣非常不满，找到面试负责人质问："为什么那些长相很普通的女孩顺利过关，而我却没有被选上?"负责人什么也没说，而是给她看了一段视频。原来招聘方在应聘者排队等候的时候就已经在观察她们了。画面中，大部分女孩都身姿挺拔地在安静等待，而李欣却弓着腰，双脚撇开，眼神涣散，显得无精打采而且又很不耐烦。李欣心里惊呼："这是我吗?"

案例解析：李欣虽然长得漂亮，但在面试时站姿却出现了严重的问题。空姐是服务性行业，代表着整个航空公司的形象，因此需要随时注重自己的站姿。拥有一个良好的站姿，才会让一个人的精神显得饱满，才会给乘客带来愉悦的心情。案例中李欣的失败就在于她缺乏对优雅站姿重要性的认识。

2. 正确站姿训练（见图 2—1—1）

（1）面向镜子，按照动作的要领体会站立姿势。恰当的站姿应有挺拔感，就好像是有一根绳子从头到脚拽着自己往上拉，而双肩往下沉。

（2）两人一组，背靠背站立，要求脚跟、小腿、臀部、双肩、后脑勺贴紧，每次训练应坚持 30 分钟左右。

图 2—1—1　站姿训练

（3）靠墙站立，要求后脚跟、小腿、双肩、后脑勺都贴紧墙，每次训练应坚持 30 分钟左右。

（4）练习时，头顶可放物，以练习颈部的力量，也可以在两膝间夹一本薄薄的杂志，让双膝靠紧。每天训练应坚持 30～40 分钟。

3. 站姿的注意事项

站立时除了要求身姿挺拔外，还有一些事项需要注意：站立交谈时，身体不要倚门、靠墙、靠柱，双手可随说话的内容做一些伴随手势，但一定要自然大方，动作不能太多太大，以免显得粗鲁或急躁；不要将手插入裤袋或交叉抱在胸前，更不能下意识地做小动作；站立时东倒西歪、两脚间距过大、耸肩驼背或左摇右晃等，都是没有修养的表现，应当避免。

二、坐姿

"站有站相，坐有坐相"。当一个人站在门口迎客时需要优雅得体，当客人进门，坐下相谈时，依然需要特别注意自己的坐姿。正确的坐姿能让一个人看上去庄重礼貌，而随意或不当的坐姿则会让人觉得此人行为傲慢无礼或懒散萎靡，不可信任。商务人士应注重自己举手投足是否得体，对坐姿更应时时注意。

1. 正确的坐姿

正确的坐姿要从容自然，端庄大方。一般情况下，要双膝并拢，上身微微前倾，从椅子的外侧入座。如果身边有人，要背对椅子入座，以免给别人一个背影。女性身着裙装入座前，应该自然地将双手放在身后，将裙子自上而下抚平，以免引起衣服变形。落座时动作要轻而缓，以显得从容礼貌。落座后，不要把椅子坐满，坐椅子前部的二分之一或三分之二即可，不要紧靠椅背。起立时同样应从外侧起立，站定后立即把椅子归位，按原样放好。

常见坐姿见表2—1—2。

表2—1—2　　常见坐姿

坐姿	示意图	具体要求
基本坐姿		头正、颈直，下颌微收，双目平视前方或注视对方。身体正直，挺胸收腹，腰背挺直。双腿并拢，小腿与地面垂直，双膝和双脚跟并拢。双肩放松下沉，双臂自然弯曲内收，双手呈握指式，右手在上，手指自然弯曲，放于腹前双腿上
开膝合手式坐姿		在基本坐姿的基础上，双脚向外平移，两脚间距离不得超过肩宽，两小腿垂直于地面，两膝分开，两手合掌于两腿间。此坐姿仅适于男士
前伸式坐姿		在基本坐姿的基础上，女士左脚向前伸出，全脚着地，小腿与地面的夹角不得小于45°，右脚跟上，右脚内侧脚弓部靠于左脚跟处，全脚着地，脚尖不可上翘。男士双脚前伸并拢，小腿与地面的夹角不得小于45°
双腿左斜放式坐姿		在基本坐姿的基础上，左脚向左平移一步，左脚掌外侧着地，右脚左移，右脚内侧中部靠于左脚脚跟处，右脚脚掌着地，脚跟提起，双腿靠拢斜放，呈双腿左斜放式坐姿；相反，呈双腿右斜放式坐姿。两膝在整个过程中，始终相靠

续表

坐姿	示意图	具体要求
双腿前伸交叉式坐姿		在基本坐姿的基础上，左小腿向前伸出 45°，右小腿跟上，右脚在后与左脚相交，两脚交叉于踝关节处，膝部可略分开
双脚后点地式坐姿		在基本坐姿的基础上，两脚后收，脚掌着地，脚跟相靠，双腿并拢。此坐姿适于凳椅下有空间者
开并式坐姿		在基本坐姿的基础上，两脚外移分开，两脚间分开的距离不得超出肩宽，两脚尖略向外，两膝并拢，两腿呈下开上并之态，此坐姿适于坐在低矮的凳椅或不起眼的地方
曲伸式坐姿		在基本坐姿的基础上，右脚后收，脚掌着地，右腿呈后曲状。左脚前伸，全脚着地，左腿呈前伸状，膝部靠拢，两脚前后在一条直线上

案例 2—1—2

大学毕业后一直在几家小广告公司上班的小周很想到一家知名的大公司去工作。当他坐在主考官面前应聘时，心里非常紧张。坐下之后，他的双手不由自主地握在了一起，下意识地不断用一只手抚摸另一只手，上半身绷得紧紧的，双腿的姿势也显得有些僵硬。因为全身处于紧张状态太久，小周感觉很累，于是轻轻向前挪动身体，不料身体带动椅子，发出了刺耳的响声。这样一来，小周感觉更紧张了，说话也不太流畅。当主考官问他相关经验时，他仰头做思考状，一只手不自觉地摸向脑后。面试好不容易结束了，而结果正如小周所担心的那样，他没有被录用。

案例解析：小周在面试时坐姿上出现了大问题。首先是他由于紧张而把身体绷得过紧。这不仅会让主考官感觉到他的局促，而且自己也很累。时间一长必然想要放松，猛然松懈又容易出现问题。因此坐姿应该挺拔而自然。其次是“仰头思考”和手部的过多动作，显得人很不自信。

2. 坐姿的禁忌

（1）忌坐时前倾后仰，或歪歪扭扭。

（2）忌双腿过于叉开，跷二郎腿或腿长长地伸出。

（3）忌腿、脚不停抖动。

（4）忌将大腿并拢，小腿分开。

（5）忌双手放于臀部下面或两腿中间。

（6）忌坐下后随意挪动椅子。

（7）忌把脚架在椅子、沙发扶手上或茶几上。

（8）忌脚跟落地、脚尖离地。

（9）忌坐沙发时太靠里面呈后仰状态。

（10）忌就座和离座时猛坐猛起。

案例 2—1—3

有一位美国华侨，到国内洽谈合资业务，洽谈了好几次，最后一次来之前，他曾对朋友说：“这是我最后一次洽谈了，我要跟他们的最高领导谈，谈得好，就可以拍板。”过了两个星期，他又回到了美国，朋友问：“谈成了吗?”他说：“没谈成。”朋友问其原因，他回答：“对方很有诚意，进行得也很好，就是跟我谈判的这个领导坐在我的对面，当他跟我谈判时，不时地抖着他的双腿，我觉得还没有跟他合作，我的财都被他抖掉了。”

案例解析：就座时端庄静坐是基本要求，抖腿则是大忌。

三、走姿

“走姿”相对于“站姿”和“坐姿”而言，更难把握一点。因为后者只是一种静态美，前者则需要在稳重中体现动感美。拥有优美的走姿，能让人自然地流露出满怀自信、精神干练的气质，同时也给人以信赖感，容易获得更多的机会。

1. 正确的走姿

走路时，要保持上身自然挺直，挺胸收腹，目光平视前方，下巴微向后收，大臂带动小臂自然前后摆动。行进过程中，身体和头、腰、臀都不要随便摇摆。迈步时，膝盖不要总是打弯，显得伸不开腿，而要和脚踝配合，有弹性地伸展，这样才会走起来有节奏感。迈步不要抬脚太高、落地太重，也不要走得有气无力，拖泥带水。而应如行云流水般连贯优美，轻盈矫健。走路时，应该保持平缓而有规律的呼吸节奏，表情要自然大方，显出朝气蓬勃和轻松愉悦的心态（见图 2—1—2）。

在重要场合走路时，除了要保持矫健外，还要注意相应的礼貌。男性和女性同时行进时，男性的步伐要与女性保持一致。与尊长一起行进时，应当行走于尊长的左后方，并与其步调保持一致。多人一起行走时，尊长和异性应当走在中间。

图 2—1—2　正确的走姿

案例 2—1—4

刘闯的个性就如他的名字一般，做事果断大胆，行走时也虎虎生风。但是他学的是质检专业，毕业时应聘进了一家化工厂。虽然他很想到工厂里与自己专业对口的质检部门工作，但领导总是让他在基层锻炼一下。在工厂车间干体力活，刘闯一干就是三年。虽然每年他都会向主管部门申请转入质检部，但每次都得不到批准。后来经过打听他才得知原委：并不是自己技术不行，而是他平时走路时风风火火，好像被人赶着一样莽撞。领导心想，质检工作是细活，这样急躁莽撞的人，怎么可能做好呢？于是迟迟没有给他调岗。

得知原因之后，刘闯认真地改正自己走路的姿态，几个月的训练后，他已经走起来步履矫健、稳妥了，给人的感觉也稳重了许多。当他再一次申请质检工作时，终于如愿以偿了。

案例解析：眼睛是心灵的窗户，走姿是个性的体现。如果想要获得别人的信赖，就不要走起来像个莽汉。切记，沉稳和干练之人总是能获得更多的机会。如果你什么时候都是风风火火的速度，别人跟不上是小事，别人怀疑你的认真、细心程度就是大事了。当然，如果你走得太慢，也没有几个人愿意陪你浪费时间。

2. 走姿的禁忌

（1）最忌内八字和外八字。

（2）忌弯腰驼背，肩膀歪斜，头部朝前伸。

（3）忌左顾右盼，扭腰摆臀，这一点对女性而言尤其重要。

（4）忌脚蹭地面，上下颤动。这样走路的人给人的感觉就是拖拖拉拉、重心不稳。当然，走路时跑动，或边走边吃东西，或对别人指指点点就更不应该了。

四、蹲姿

站姿、坐姿、走姿基本上构成了一个人的行为和气质，因此对商务人士而言至关重要。然而有些突发情况还需要下蹲，虽然这种情况相对较少，但当它出现时，却是考验一个人礼仪修养的关键时刻。如果掌握不好，一个不好的蹲姿就足以使自己的形象在别人眼中大打折扣。所以如何优雅地蹲下，也是很值得注意的。

1. 正确的蹲姿

下蹲时一定要端庄大方，动作要连贯、自然、从容。上身要保持挺直，不要将背塌下来，否则会很难看。下蹲时候一定要让臀部向下，这是优美蹲姿的基本要领。不要用力低头，略微低下就可以了。也不要东张西望，这样会显得有些猥琐。动作一定要轻捷迅速，不要拖泥带水。

起身的时候，动作要保持同样的从容大方。像是录像带倒带那样，姿态端庄地把下蹲时的动作从后往前回放一遍即可。

男性在下蹲时只要如前所述，做到自然大方就可以了，而女性则不要轻易下蹲，不得不下蹲时一定要万分注意。

常见蹲姿见表 2—1—3。

表 2—1—3　　常见蹲姿

蹲姿	示意图	具体要求	备注
高低式蹲姿		下蹲后，左脚在前，右脚在后；左脚完全着地，小腿基本垂直地面；右脚脚掌着地，脚跟提起；右膝要低于左膝，右膝内侧可靠于左小腿的内侧，形成左膝高右膝低的姿态。臀部向下，基本上以右腿支撑身体	此蹲姿男女均适用。但女士应注意靠紧双腿，男士两腿之间可有适当的距离
交叉式蹲姿		下蹲后，左脚在前，右脚在后，左小腿垂直于地面，全脚着地。左腿在上，右腿在下，两者交叉重叠，右膝从后下方伸向左前侧，右脚跟抬起脚掌着地，两腿前后靠近，合力支撑身体。上身略向前倾，臀部朝下	此蹲姿适用于穿裙装的女士

2. 蹲姿禁忌

（1）弯腰时幅度不要太大，以免露出上身的内衣。在衣领较低的情况下，不妨用手稍稍压住衣领，或用随身的皮包很自然地遮挡一下。

（2）下蹲时不要翘臀，这样不仅显得粗俗而且容易走光。

（3）下蹲时不要叉开双腿。这样的动作不仅让曲线美尽失，更让自己显得很缺乏修养。

（4）在行进中需要下蹲时，速度不宜过快，不要突然下蹲。

（5）在下蹲时，应与他人保持一定的距离，与他人同时下蹲时，更不能忽视双方的距离，以防彼此撞头。

案例 2—1—5

章怡是一家知名企业的老总，但是比较挑剔。他在为自己挑总经理秘书的时候，一连面试了 7 个人都不合格，等到第 8 个的时候觉得相对满意。当他正准备对应聘者说几句鼓励的话就要结束面试时，突然一份文件不小心散落到了地上。应聘的女孩见状，赶忙殷勤地上前帮忙。只见她直面章怡蹲下。虽然她动作麻利地收拾好了地上的文件，但她下蹲时的头正好在章怡大腿的高度，距章怡也只有一尺远。这让章怡感觉很不舒服，因此这个女孩在最后的关口遗憾地失去了这次宝贵的工作机会。

案例解析：下蹲时不要冲着别人，也不要距别人太近，这不仅失礼而且会让别人产生不适感。秘书应当是做事很有分寸的人，案例中的女孩虽然其他方面都很优秀，但一个不正确的蹲姿却让人感觉她不太会拿捏分寸，这犯了大忌。

五、表情

表情在非语言符号中是最丰富和最具有表现力的。人们通过面部表情的变化来表达出内心的感受，它能生动、充分地展现人类的各种情感。有时，表情甚至能在人的沟通中，传达语言难以传达的情感，有着不可替代的作用。因此，如何根据特定场合的需要，恰当有礼地运用表情，就成了商务礼仪绕不开的一个话题。

1. 目光

“眼睛是心灵的窗户”，这句妇孺皆知的话生动地表达了目光接触在人际交往中的重要性。目光不仅表达情绪，还能传达信息。在社交活动中，一个人即使着装得体、举止优雅，但如果在与人交流时的目光不符合礼仪规范，那么必将造成一定的沟通障碍，给人留下不好的印象。

商务场合与人交流，必须养成注视对方的习惯，这样与自己谈话的人才有被尊重的感觉。注视并非将目光长时间地集中在对方的脸上或身体的某一部分，而应当使目光局限于上至对方额头，下至对方衬衫的第二粒纽扣，左右以两肩为准的范围内。这是商务场合中做到目光有礼的最基本要求。

在具体的谈话中，也应当学会根据不同的情况用礼貌的目光来表达感受。如果对对方的讲话感兴趣，就要用友善的目光正视对方的眼区；自己若想中断谈话，可以有意识地将目光稍微转向他处；当对方说了错误的话显得拘谨时，不要马上转移自己的视线，而应当继续用柔和与理解的目光注视对方；当双方缄默不语时，不要再看着对方，以免加剧尴尬的局面；谈得很投入时切不可东张西望，否则别人会误以为已经不耐烦了。

还有一些场合要特别留意。当被介绍与人认识时，眼睛要看着对方，但不能对对方上下打量，因为这种审视的目光会让别人很不舒服；当有求于对方或等待对方回答时，眼睛略朝下看，以示谦恭和恳请；上台讲话时，要先用目光环顾四周，以表示对参加会议人的尊重；进入上级的办公室时，不要把目光落在桌上的文件上。

知识链接 **注视时间的含义**

1. 表示友好，注视时间占全部相处时间的 1/3 左右。
2. 表示重视，注视时间占全部相处时间的 2/3 左右。
3. 表示轻视，目光游离，注视时间不到 1/3。
4. 表示敌意，目光始终盯住对方，注视时间在 2/3 以上。
5. 表示感兴趣，目光始终盯住对方，偶尔离开一下，注视时间在 2/3 以上。

案例 2—1—6

卡耐基有一次去纽约参加一个宴会时，遇到一位女宾。她从头到脚把自己装饰得十分华丽，可以看得出，她为此花了不少钱。可很不幸的是，她并没有给大家留下好印象。因为她那张面孔总是冷漠得像铁板一样，毫无表情，并且看上去很傲慢，这使见到她的人一点也不觉得愉快。卡耐基感叹地说："她只知道装饰自己身上的衣饰，却忘了女人最重要的面部表情。"

案例解析：案例中的女宾如此盛装，当然是为了获得大家的好感，但她没有和善的表情，没有温和友好的目光，再动人的装束也不会让大家亲近。因此，和悦的表情和目光会让一个人显得有亲切感且彬彬有礼。

使人感觉亲近是双方沟通和互信的基础，所以在与人交往时，时刻注意自己脸上的表情和双眼的目光会有助于获得更多的机会。

2. 微笑

"微笑，它不花费什么，但却创造了许多成果。它丰富了那些接受的人，而又不使给予的人变得贫瘠。它在一刹那间产生，却给人留下永恒的记忆"。这句话道出了微笑的魔力。在千变万化的面部表情中，微笑是最美的，它可以缩短人与人之间的心理距离，为深入沟通与交往创造和谐的氛围。一位经理人曾经说过："我宁愿雇用一个没有上完小学但却有愉快笑容的女孩，也不愿意雇用一个神情忧郁的哲学博士。"

微笑礼仪只是一个笼统的说法，在商务场合，合乎礼仪的笑容大致有含笑、轻笑、开怀大笑、浅笑、微笑等，场合不同，笑的方式也有所不同。与人初次见面，给对方一个亲切的微笑，会拉近双方的心理距离，消除双方的拘束感；与朋友、同事见面打招呼，带点微笑，显得和谐、融洽；上级给下级一个微笑，会让人感到平易近人。在各种场合只有恰如其分地运用微笑，才能达到传递情感的目的。

微笑最重要的一点就是要发自内心。发自内心的微笑既是一个人自信、真诚、友善、愉快心态的表露，同时又能营造明朗、愉悦和亲切的交际氛围。而矫揉造作的微笑，会给人一种不真诚、不友善的感觉，也会给工作与交往带来阻碍和阴影。在真诚的基础上，微笑的基本做法是不发声、不露齿，肌肉放松，嘴角两端向上略微提起，面含笑意。

知识链接　　微笑的训练法

方法	训练要求
对镜训练法	面对镜子，双唇轻闭，使嘴角微微翘起，面部肌肉舒展开来
口形对照法	通过一些相似的发音口型，如"一""茄子""田七"等，找到合适自己的最美的微笑状态
他人诱导法	同桌、同学之间互相通过一些有趣的笑料、动作引对方发笑
情绪回忆法	回忆自己曾经的往事，幻想自己将要经历的美事引发微笑
习惯性佯笑	强迫自己忘却烦恼、忧虑，假装微笑
牙齿暴露法	笑不露齿是微笑；露上排牙齿是轻笑；露上下八颗牙齿是中笑；牙齿张开看到舌头是大笑

案例 2—1—7

张瑶是某电子商城的计算机销售员，她虽然是普通员工，但却能始终以"微笑服务"来要求自己。一天她接待了一个不好伺候的顾客。顾客首先问了她很多专业的问题，并请她演示了好几台不同型号的计算机。张瑶按照要求介绍了各种品牌和机型，并对其一一进行了演示。顾客在她的柜台停留了很长时间，并且一直犹豫不决。在此期间，张瑶一直保持着温和耐心的态度，脸上挂着明媚的微笑。经过再三询问和验看后，顾客决定订购一批计算机。原来这位顾客是一家正在扩大经营中的私企老板，他已挑剔地走了很多家，张瑶的耐心和微笑让他最后做出了批量订购的决定。

案例解析： 微笑待人不仅能给人友善亲切的感觉，而且可以拉近距离，赢得机会。

六、手势

在语言无法沟通时，人们除了用目光和笑容传递情感信息之外，还可以用手势表达。手是人的身体上最灵活自如的部位，手势的表现力并不亚于眼睛，甚至可以说，手是人的"第二双眼睛"，因此练好"手上功夫"是商务人士必修的一课。

心有所思，手有所指。在日常生活中，人们在谈话时，手可能会不停地动来动去，这与谈话场景、人的心情和个性等有关，也无可厚非。但在商务场合，手势要尽可能地少。因为过多的手势会给人留下很不好的印象，如急躁、激动、琐碎、有欠稳重甚至张牙舞爪等，这些印象可能会在沟通中造成障碍。正确的手势动作应当是干净利落、温文尔雅和合乎规范的。

手势表意灵活，能给人们在不方便言语沟通时带来便利，如看到熟悉的人，却又因距离太远或无暇分身时，可以举手致意，这样就可以立即消除对方的被冷落感。得体规范的手势是商务场合的无声名片。如在他人面前掏耳朵、搔头皮、抠鼻孔、剔牙齿、摸脚、抓痒等，这些平时养成的恶习会让靓丽的形象顿时失色。所以，管好手上的"小动作"，用标准的手势表情达意，展示优雅得体的商务风度，就得处处留心，时时注意。

下面介绍几种常见的手势，见表2—1—4。

表2—1—4　　常见的手势

手势	示意图	动作要领	特点
直臂式		手臂穿过腰间线，切记不可高于腰间线，身体侧向宾客，眼睛要看着手指引方向或宾客脚前10 cm左右，同时加上礼貌用语	此手势适用于引领较远的方向
横摆式		大臂自然垂直，以臂肘为轴，小臂轻缓地向一旁摆出，微弯曲，与腰间成45°左右，另一只手下垂或背在背后，面带微笑，同时加上礼貌用语	此手势适用于指引较近的方向
双臂横摆式		两手从身体两侧经过腹前抬起，双手掌心向上，双手重叠，两肘微曲，向两侧摆出，上身稍前倾，微笑施礼，加上礼貌用语	此手势适用于繁忙或需要招待较多宾客时

知识链接　　**几种动作相同而含义差异很大的手势**

1. 掌心向下的招手动作。在我国，向别人招手，并要求其向自己走过来时，一般为掌心向下，手掌上下轻微晃动；但在美国，这是叫狗的动作。

2. 跷起拇指手势。在我国和其他一些国家，这一手势都表示对别人的夸奖或事情进展顺利。但在美国和欧洲部分地区，该手势表示要搭车，在德国表示数字"1"，在日本表示"5"，而在澳大利亚则是骂人的意思。

3. OK手势。OK手势在我国一般和美国一样，都表示"了不起""顺利"或"搞定"的意思；在日本、韩国则表示金钱；在泰国表示"没问题"；在法国表示"零"或"毫无价值"。

第二节　仪表礼仪

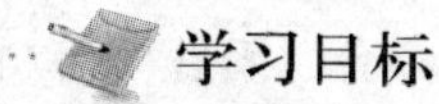

学习目标

- 了解职业装礼仪及其原则
- 掌握商务场合男士和女士着装礼仪

服饰是人们对衣着打扮及装饰品的统称，是仪表最重要的组成部分。服饰既是一种文化，也是一种艺术。它是一种无声的语言，既能体现人的性格特点、文化修养和审美能力，又能体现人的地位、财富及职业特征。因此得体的着装就显得越加重要了。

一、职业装基本礼仪

1. 职业装的范畴

个人在进行商务活动时穿着的服装都应称为职业装。商务活动并不仅仅局限于谈判桌上或接待室内，在不同的场合中都会有商务活动存在，因此得体的着装就不能仅仅包括正式的服装，而应当把各种场合的需要都考虑在内。大致有如下三种：

（1）正式服装

正式服装是指在正式、隆重的场合所穿的服装。这是商务活动中应用最多也是最重要的一种服装。男士的正式服装主要有西装套装、中山装、制服和民族服装。女士的正式服装主要有西服套裙、旗袍、连衣裙和民族服装，风格应高贵、华丽、庄重、大方。

（2）工作服装

工作服装是指在工作时间或工作场合所穿的服装。包括办公装、制服、工作服等。风格应大方、得体实用、简洁。同时要与工作性质相符，以符合职业身份和便于工作。

（3）便装

便装是指商务旅行或商务休闲聚会时所穿的服装。没有什么严格的规定，风格应以宽松、舒适、休闲为主。

2. 职业装礼仪的基本原则

（1）“TPO”原则

“TPO”原则是服饰穿着的基本原则，T 即时间（Time），P 即地点（Place），O 即目的（Object）。“TPO”原则是指在选择服饰时，要注意配合时间、地点、目的三个重要因素。

时间原则是指服饰要合乎早晚、季节和时代的变化，既要顺应自然，又要有时代的特点，既不过于古板，又不过于超前。

地点原则是指着装时必须考虑到自己即将出现或主要活动的地点，使服装尽量与所面临的环境保持和谐一致，如工作时穿工作装，非工作场合不穿工作装。

目的原则是指着装要考虑工作或交往目的及希望给对方留下什么样的印象。如在办公室上班或外出处理一般事务等，着装应正规、文明、干净、整洁；参加庆典、盛宴、外事等庄严隆重的活动，着装应庄重、高雅、严肃；参加联欢会、舞会、婚礼、节日庆祝等喜庆活动，着装应时尚、潇洒、鲜艳、明快；出席葬礼、扫墓等活动，着装应素雅、肃穆、严整。

案例 2—2—1

一位女推销员在美国北部工作，一直都穿着深色套装，提着一个男性化的公文包。后来她调到阳光普照的加利福尼亚州，习惯了这样打扮的她仍然以同样的装束去推销商品，结果成绩不够理想。经过反思，她找到了原因，于是改穿色彩淡的套装，换了一个女性化一点的皮包，使自己有了亲切感，着装的这一变化使她的业绩提高了25％。

案例解析：美国北部气候较为寒冷，在这样的环境下，深色服饰显得稳重并且符合当地气候，而到了气候温暖、阳光明媚的加利福尼亚州，浅色套装能够给人清凉舒适、轻盈可爱的感觉，再加上女性化的皮包，极易让人产生亲切感。可见，随着地域、文化的不同，如何得体、适度地穿着已成为一门大有可为的学问。一般而言，应当选择与当地文化、气氛相融合的着装，这样能够很好地淡化文化地域不同带来的影响。

(2) 和谐原则

和谐原则一是指服饰应与自己的身材、肤色、性格、年龄、职业相协调，扬长避短，给对方和自己以适当的角色感，并在此基础上创造和保持自己独有的风格。二是指服饰的款式和色彩的和谐，如上衣和下装及配饰在搭配时质料、样式、风格、色彩等应相互协调，既要使自己满意又要使他人满意。

案例 2—2—2

有位女职员是财税专家，她有很好的学历背景，在公司里的表现一直很出色。但当她到客户的公司提供服务时，对方主管却不太注重她的建议。一位时装大师发现这位财税专家在着装方面有明显的缺憾：她 26 岁，身高 147 厘米、体重 43 千克，看起来机敏可爱，喜爱着童装，像个 16 岁的小女孩，其外表与她所从事的工作相距甚远，所以客户对于她所提出的建议缺少安全感、信赖感，所以她难以实现自己的创意。这位时装大师建议她用服装来强调出学者专家的气势，用深色的套装、对比色的上衣、镶边帽子来搭配，甚至戴上重黑边的眼镜。女财税专家照办了，结果，客户的态度有了较大的转变。很快，她成为公司的董事之一。

案例解析：根据着装原则，尤其在工商界、金融界、学术界，打扮过于时髦的女性并不吃香，人们对服装过于花哨怪异者的工作能力、工作作风、敬业精神、生活态度，一般都会持有怀疑态度。这对其工作会产生一定的负面影响。

(3) 配色原则

服装色彩搭配得当，可使人显得端庄优雅、风姿绰约；搭配不当，则使人显得不伦不类、俗不可耐。工作人员在工作场合应选择正装，在选择正装时，应注意遵循三色原则，所谓的三色原则是指一次身着服装的色彩不要超过 3 种。遵循三色原则不仅能保持正装庄重、典雅的总体风格，还能使正装显得规范、简洁、和谐。

知识链接　**服装色彩的配色方法**

方法	原理	特点
同种色相配	即把同一色相、明度接近的色彩搭配起来。如深红与浅红、深绿与浅绿、深灰与浅灰等	易产生一种和谐、自然的色彩美
邻近色相配	把色谱上相近的色彩搭配起来，如橙与黄、蓝与绿等色的配合	易收到调和的效果
主色调相配	以一种主色调为基础色，再配上一两种或几种次要色	易使整个服饰的色彩主次分明、相得益彰，但应注意三色原则

二、男士商务着装礼仪

一般男士出席各种正式商务场合都必须穿西装。一套合适的西装，不仅显示出着装者的修养和对他人的尊重，更可以使着装者显得风度翩翩、精神百倍，给人留下良好的印象。因此这里重点介绍西装的着装礼仪。

1. 西装的选择

西装又称西服，起源于欧洲，是目前全世界最流行的一种服装，也是商务场合着装的首选。西装如图 2—2—1 所示。

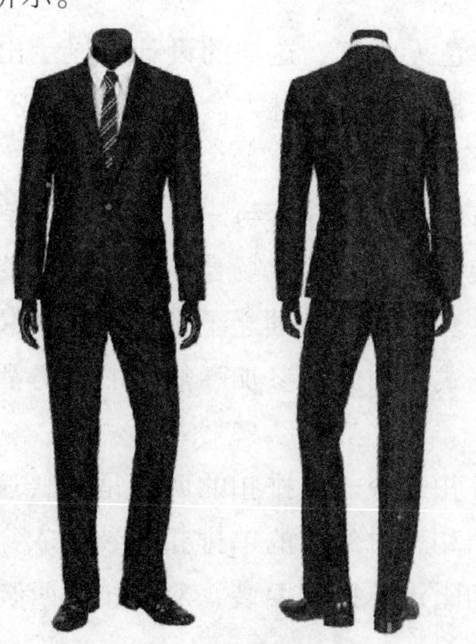

图 2—2—1　西装

一般而言，要挑选有品位、适合商务交往的西装，要从面料、色彩、图案、款式、尺寸和做工六个方面来把关。

(1) 面料

西装是在商务活动中作为正装使用的，因此面料要力求高档，各种面料的西装中又以毛料西装为上品。高档毛料西装大都具有轻、薄、软、挺等特点，穿上身既不会显得笨重，又不会轻易变形，在保证穿着舒适的同时，还能保持西装的挺括，使穿着的人既显正式，又比较轻盈活泼、精神饱满。但这种面料的西装一般较难打理和保养，除了需要干洗之外，还需要在储存、悬挂时特别注意，尽量避免其发皱、变形。同时因原料稀少、工艺复杂等原因，毛料西装价格也比较昂贵，因此兼具舒适挺括且成本和价格都相对较低的毛涤混纺面料越来越多地受到了人们的欢迎。

(2) 色彩

不管是在商场还是在各种正式场合，西装的颜色几乎是清一色的深色。这是因为西装往往被视作商务活动中的制服，因此其色彩必须庄重、正统。白色或亮色西装显得人不够庄重；而纯黑色的西装因为其色彩的沉重、压抑，更适合庄严肃穆的礼仪性活动。平日上班时所穿的西装应该首选藏蓝色，此外，灰色或棕色的西装也可以考虑。

知识链接

不同颜色的西装给人的印象

- 炭灰色：权力、成功、负责任。
- 海军蓝：权威、可信赖、组织力强、平衡力良好。
- 皇室蓝：肯定、忠实与信任。
- 黑色配中性色：权力、使命感。

(3) 图案

一般情况下，西装为单色无图案，这样的设计能显示出着装者成熟稳健的风格，同时还能呈现男性坚韧干练、果决的人格魅力。

(4) 款式

从西装的件数上来说有单件、两件套与三件套之分。单件西装指的是不配有西装裤子的西装上衣，但这种西装只适合非正式场合，而在正式的商务场合必须着套装。两件套指的是一衣一裤，而三件套则在此基础之上多了一件西装背心。按照传统的看法，三件套西装比两件套西装更正式，因此在参加高规格的商务活动时自然以三件套西装为首选。

西装又有单排扣和双排扣之分。单排扣的西装是最普遍也是最为常见的，一般有一到三粒纽扣不等。一粒纽扣和三粒纽扣的单排扣西装上衣穿起来比较时尚，而两粒纽扣的上衣则更为正统一些。相比于单排扣西装，双排扣的西装不太常见且更为传统。

(5) 尺寸

一套西装，不论其品牌名气有多大，价格有多么昂贵，如果尺寸不合适的话，穿上它只能让自己显得不讲究，进而损害自己的个人形象。

（6）做工

做工精细考究的西装虽然有时看上去和其他西装样式区别不大，但上身后的效果却是全然不同的。做工不仅在于西装整体格调的和谐，更在于不起眼的细节，而这些细节正是一套西服的品格和着装者品味的最好体现。

2. 西装的搭配技巧

商务男装除了一身西装外还必须配以衬衫、领带、鞋袜等，有时还需要公文包、名片夹、手表等饰物。这些商务服饰都需要遵循一定的搭配技巧。

（1）衬衫

与西装相配最重要的是衬衫。衬衫应当是正装、单色、无图案的，以显示出着装者的清爽利落和庄重沉稳。单色衬衫中又以白色为首选，此外有时根据场合也可考虑棕色、灰色、黑色、蓝色，但是杂色或亮色的衬衫一般会因为有失庄重而不应搭配。正装衬衫以无胸袋者为佳，如果有胸袋，那么也要尽量少往里面塞东西，以免影响西装的平整挺括。

（2）领带

领带是西装上一抹灵动的色彩，起到彰显个性魅力和画龙点睛的效果，因此，其穿戴大有讲究。

好的领带必须质地优良，外形美观。领带的面料以真丝或羊毛为最佳，涤丝料的领带价格较为低廉，有时也可选用。其他材料如棉麻、皮革、绒、珍珠、塑料等制成的领带均不宜配正装西装，出席商务活动。

就色彩和图案而言，灰色、蓝色、黑色、棕色、紫红色等单色领带均为商务活动中较理想的选择。其他一些靓丽一点的颜色或以加点、方格、条纹等规则的几何形状为主要图案的领带也可。但过于花哨或含有奇特色彩及图案的领带均不适于在商务活动中出现。

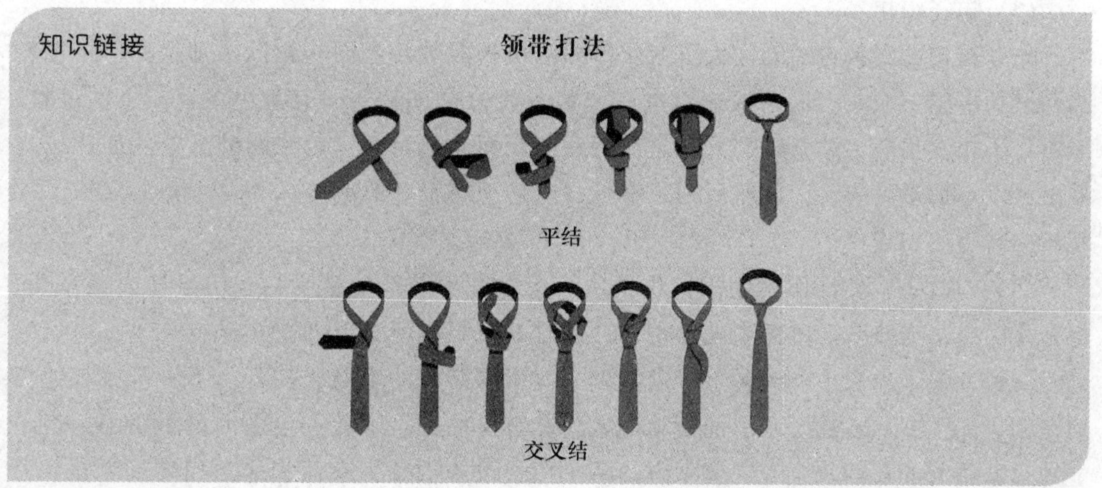

(3) 鞋袜

穿西装必须配皮鞋，其中又以牛皮鞋为正宗。而从颜色上讲，黑色最为适用，是搭配西装较好的选择。就款式而言，没有任何图案或装饰的系带皮鞋才会给人传统、庄重之感，适合各种商务场合。

袜子在走路时不会露出，而一旦参与座谈，袜子就会进入他人的视野，因此这一细节也必须多加注意。除了应当穿完整、干净、合脚的袜子外，还要注意不能犯一些低级错误。比如，穿上不是同一双的袜子或以浅色袜子配深色西装，这都会贻笑大方。而白色袜子和尼龙丝袜则忌与西装搭配。

3. 西装着装的基本规范

选择一套合适的西装是做好商务着装的基础，在此基础上还必须注意规范着装礼仪。具体而言需要注意以下几点：

(1) 拆除商标

经常穿西装的人都知道，在上衣左边袖子上的袖口处，通常会缝有一块商标，有时那里还同时缝有一块纯羊毛标志。有时，由于匆忙或没有在意等原因，西装在穿过许久之后，商标依然没有拆除，这是不符合着装礼仪的做法。因此，在正式穿西装之前，千万不要忘记将商标先行拆除（见图 2—2—2）。

图 2—2—2　拆除商标

(2) 注重保养

西装最重要的特点就是“挺”。如果要保持它的挺括平整，就要经常保养。除了在不穿的时候用西服套套好挂好之外，还需要定期进行干洗和熨烫。特别是熨烫，对于西装来说是保持美感的一个关键步骤。此外，欲使西装平整有型，必须在穿着时细心呵护，千万不能随意地把上衣披在身上，更不能把袖子挽起来，这样既有损西装的平整挺括，还会给人粗俗、缺少修养的感觉。

(3) 扣好纽扣

扣好纽扣是西装着装的一大讲究。单排两粒扣西装扣上面一粒以示郑重；单排三粒扣西装扣中间一粒或上面两粒；双排扣西装一般应全部扣上，有时也可只扣上面一粒，但不可不扣。另外，站立时，尤其是在大庭广众面前起身而立时，西装上衣的纽扣应当系上，以示郑重其事，而就座后则可解开，以防止衣服变形走样。

(4) 巧用口袋

西装的口袋，装饰作用多于实用价值。为保证西装的笔挺妥帖，应尽量少装东西。但在实际中，有些东西难免要随身携带，这时就需要巧用西装口袋了。

一般来说，上衣左侧胸袋除可以插入一块用以装饰的真丝手帕外，不应再放其他任何东西，如图 2—2—3 所示。而钢笔、名片等必备物品可以放在上衣内侧胸袋中，但不能放过厚过大的东西。上衣外侧下方的两个口袋以不放任何东西为佳，如果有需要，可放少量轻薄短小的东西。西装裤子两侧的口袋只能放纸巾，后侧的两个口袋则不可放任何东西。

图 2—2—3　巧用口袋

三、女士商务着装礼仪

西装是商界男士的最佳服饰，套裙则是商界女士参加正式商务场合的最佳选择。套裙大多为西装款，可塑造出端庄、干练的形象。西服套裙可分为两种：一种是配套的，即上衣与裙子色彩和质地均相同；另一种是不配套的，上衣是西装款，而裙子则颜色质地不同，但一定要优雅协调。

案例 2—2—3

张小姐刚受聘到一家国内公司的海外业务部工作。2011 年 9 月，公司派她代表公司前往南方某城市参加一个重要的商务洽谈会。为了给外商留下良好的印象，张小姐特意去某服装品牌店购置了一件白色的真丝上衣和一条黑色的裙裤。然而不知为何，外商总是对她敬而远之，甚至不愿意跟她正面接触。

案例解析：张小姐在如此重要的商务场合应当穿职业套裙，这样才能给人留下专业、可信赖的印象。尤其要注意的是，任何裤装都是不符合礼仪的。

1. 套裙的选择

女士套裙的选择与男士西装有相似之处，同样都要考虑到面料、色彩、尺寸等方面。

（1）面料

女性职业装一定要选用质地上乘，垂坠感好的面料。上衣、裙子和背心等必须是用同种面料，要用不起皱、不起毛、不起球的匀称平整、柔软丰厚、悬垂挺括、手感较好的面料。羊毛制品四季皆宜、经久耐穿，夏天可选用较易吸汗的棉织品。但在选购其他面料的套裙如亚麻布的制品时，要注意选用混入人造纤维的产品，否则它们很容易起皱。而丝绸制品则因其抗皱性差和风格太考究的原因，也不宜选用。

（2）色彩

职业套裙的最佳颜色是黑色、藏青色、灰褐色、灰色和暗红色。这些单色套裙能使身材显瘦，同时也端庄持重。精致的方格、印花或带条纹的花色也可考虑，但不能选用红、黄和淡紫等过于艳丽的颜色，因为它们显得过于抢眼，不适合在办公场合穿。

（3）尺寸

女性职业装套裙除了要求合身外，还有一些其他要求。在整体造型上的变化，主要表现在它的长短与宽窄两个方面。商界女士的套裙曾被要求上衣不宜过长，下裙不宜过短。通常套裙之中的上衣最短可以齐腰，而裙子最长则可以达到小腿的中部。裙子下摆恰好抵达着装者小腿肚上的最丰满处乃是最为标准、最为理想的裙长。

以宽窄而论，职业装套裙中的上衣分为紧身式与松身式两种。一般认为，紧身式上衣显得较为传统，松身式上衣则看上去更加时髦一些。上衣的袖长以恰恰盖住着装者的手腕为好。上衣或裙子均不可过于肥大或包身。

2. 套裙的搭配

（1）衬衫

职业装衬衫应轻薄柔软，衬衫的颜色可以是多种多样的，只要与套装相匹配就可以了。白色、黄白色和米色与大多数套装都能搭配。衬衫不宜有任何图案，裙腰也不可高于套裙裙腰而暴露于外。丝绸是最好的衬衫面料，但是干洗起来可能会贵一些。也可以选择纯棉，但要保证浆过并熨烫平整。

（2）内衣

确保内衣要合身，身体线条流畅，既穿得合适，又要注意内衣颜色和轮廓不要外泄。

（3）围巾

围巾不但有保暖作用，而且具有装饰美化功能。围巾的色彩、款式要与整体服装相协调。最好围巾的颜色与服装中的某种颜色相同。另外，穿暗色的衣服，宜选用色泽鲜艳的围巾；衣服色彩艳丽，围巾则应素雅些，否则会让人感到杂乱。围巾的系法有多种，视情况可包头、围颈、披肩或束腰，如图 2—2—4 所示，围巾的不同色彩和系法可以产生不同的视觉效果。如果要将围巾打结或系起来，最好选择 100%丝绸面料的。

图 2—2—4　围巾

（4）袜子

与裙装必须搭配在一起的就是女士的袜子。在社交场合中，不准光腿或穿彩色丝袜、短袜。女士的袜子款式和色彩多种多样，但在裙装里占主导地位的还是丝袜。穿裙子时，应配长筒丝袜或连裤袜，颜色以肉色、黑色最为常用，肉色长筒丝袜配长裙、旗袍最为得体。女士袜子一定要大小相宜，太大时就会往下掉，或者显得一高一低。尤其要注意，女士不能在公众场合整理自己的长筒袜。

在袜子的选择上，要注意色彩和厚薄的搭配。一般地说，肤色越深，袜子的颜色也应越深。普遍情况下，肉色或相对深色一点的袜子较为适宜。在正式工作场合中，袜子不能有网眼、花纹、图案，穿上去后要平整。白色袜子在正式社交场合中不多见，一般只适合在运动场中出现。厚袜子不要配细高跟鞋，薄袜子不要配球鞋。

（5）鞋

商界女士所穿的用以与套裙配套的鞋子宜为皮鞋，并以棕色或黑色牛皮鞋为上品。皮鞋穿着舒适，美观大方。一双有合适高度的皮鞋会让职业女性尽显魅力。一般情况下，建议鞋跟高度为 3～4 厘米。当然这也因人而异，具体应视身材来决定。一般而言，中跟皮鞋能使女士显得挺拔与秀气。身材特高的女士可以穿平跟鞋，身材较矮小的女士可以穿高跟鞋。皮鞋跟的形状也要注意，身材较矮的女士最好不要穿方跟或酒杯跟的皮鞋；而身材很高的女士也不要穿特细特尖的高跟鞋，那会让人产生头重脚轻、不稳重的感觉。正式的场合不要穿凉鞋、后跟用带系住的女鞋或露脚趾的鞋。

鞋的颜色应与衣服下摆一致或再深一些。衣服从下摆开始到鞋的颜色一致，可以使大多数人显得高一些。如果鞋是另一种颜色，人们的目光就会被吸引到脚上。中性颜色的鞋较适合，如黑色、藏青色、暗红色、灰色或灰褐色。不要穿红色、粉红色、玫瑰红色和黄色的鞋。即使在夏天，穿白鞋也带有社交而非商务的意义。

（6）手提包

包是职业女性在社交场合中不可缺少的配件，既有实用功能，又有装饰价值。质料名贵、手工精致、外观华丽、体积合适的包，能使人赏心悦目，在动态中显示出女性的魅力。职业女性包的材料多为真皮，颜色沉稳，款式简单大方，可带有规矩的金属扣装饰，显得端庄稳重、干练利索，适合于搭配各种服装，又能盛放女性物品，如笔记本、化妆盒、手纸等，非常实用。如果穿着一身合体的羊毛套裙，则可以配古典秀雅的小坤包。

女性的手提包可以有硬衬，也可以用软衬。最实用的颜色是黑色、棕色和暗红色。包的颜色应与鞋相配。

3. 套裙着装基本规范

与西装的穿着一样，套裙的穿着同样需要讲究很多着装礼仪。

（1）整齐、整洁

女士在正式场合穿套裙时，上衣的衣扣必须全部系上。不要将其部分或全部解开，更不要当着别人的面随便将上衣脱下。上衣的领子要完全翻好，有袋的盖子要拉出来盖住衣袋。不要将上衣披在身上或者搭在身上。但是，在室内参加活动时，应脱去罩在西装套裙外的大衣和风衣。

与此同时，套裙要穿得端端正正，上下对齐。应将衬衫下摆掖入衬裙裙腰与套裙裙腰之间，切不可将其掖入衬裙裙腰之内。在每次出门前都必须修饰好自己的仪容，保持套裙的整齐整洁，否则无论多么高档的衣装穿在身上都会显得不够讲究，甚至大煞风景，这是着装的基本原则。

（2）注意着装的场合和时段

女士在各种正式的商务交往活动中，一般以穿着套裙为好。但是忌穿黑色皮裙，因为在国外穿黑色皮裙被视为没有教养的表现。在出席宴会、舞会、音乐会时，可酌情选择适合参加这类活动的时装或礼服。可以穿各式套装、民族服装、旗袍或连衣裙等。

不同时段的着装规则对女士尤其重要。男士有一套质地上乘的深色西装或中山装足以包打天下，而女士的着装则要随时间而变换。白天工作时，女士应穿着正式套装，以体现专业性；晚上出席鸡尾酒会就须多加一些修饰，如换一双高跟鞋，戴上有光泽的配饰，围一条漂亮的丝巾；服装的选择还要适合季节气候特点，保持与潮流大势同步。

(3) 忌过多装饰

套裙风格应以简洁大方为主，所以不宜添加过多的点缀。一般而言，以贴布、绣花、花边、金线、彩条、扣链、亮片、珍珠、皮革等加点缀或装饰的套裙，都不应该出现在正式的商务场合。

在保证不过多的基础上，适当巧妙地佩戴饰品能够起到画龙点睛的作用，给女士增添色彩。佩戴饰品时，应尽量选择同一色系，而且要与整体服饰搭配统一起来。

第三节 仪容礼仪

学习目标

- 掌握保持仪容干净整洁的方法
- 了解适度化妆的必要性，掌握化淡妆的方法
- 掌握发型的搭配技巧

仪容主要是指一个人的容貌。就个人的整体形象而言，容貌反映了一个人的精神面貌、朝气和活力，是传递给所接触对象感官的最直接、最生动的第一信息。

一、干净整洁

干净整洁是仪表礼仪最基本也最重要的要求。干净整洁不仅是一个人拥有良好教养和积极心态的表现，而且是文明礼貌和尊重他人的表现。一个衣着邋遢，浑身散发不洁气味的人，不可能在任何社交场合得到重视，更不能在商务场合受到青睐。从这一点看，整洁又是一个人地位的标志，不能不重视。

1. 面部清洁

(1) 正确使用洗面乳

将洗面乳放在手上揉搓起泡，泡沫越细越不会刺激肌肤，泡沫需揉搓至奶油般细腻才算合格，让无数泡沫在肌肤上移动以吸取污垢，而不是用手去搓揉。手指不要过分用力，轻轻地由内朝外画圆圈滑动清洗（见图 2—3—1）。

(2) 掌握洁肤的顺序和方法

洁肤一般是从皮脂分泌较多的 T 字区开始清洗，额头中心部皮脂腺特别发达，要仔细清洗。用指尖轻柔、仔细地清洗皮脂腺分泌旺盛的鼻翼及鼻梁两侧，这一部分洗不干净将导致脱妆及肌肤出现油光。鼻子下方容易长青春痘，必须仔细洗净多余的皮脂。用无名指轻轻画轮廓，既不会刺激肌肤又可完全去除污垢。

图 2—3—1 正确使用洗面乳

知识链接 **T 区**

T 区指的是额头和鼻子，包括鼻翼两侧，该部位容易出油（特别是额头和鼻子两翼），而且形状很像 T，所以称为 T 区。

嘴巴四周也要重点清洗。这是面部活动最多、最容易“污染”的地方。脸部是否仔细洗净，重点在于有没有注意细小的部位，嘴部四周是特别突出明显的部位。下巴也容易长青春痘及粉刺，而且这个部位还是洗脸时，往往容易忽略的部位，所以在清洁面部时要特别留意此部位。

面积较大的脸颊部位需要特别仔细的关照。清洗脸颊的诀窍是，不要用指尖，而是用指肚接触皮肤，使指肚的面积充分接触脸颊的皮肤，以起到按摩清洁的作用，洗脸的重要技巧在于不要太用力，以免给肌肤带来不必要的负担。

洁肤时要洗到脖子部位，下巴底部、耳下等也要仔细洗净，不要让这些部位成为被遗忘的角落。

（3）正确冲洗与擦拭

冲洗时用流水（水龙头不关）充分地去除泡沫，冲洗次数要适度，在较冷的季节需使用温水，以免毛孔紧闭而影响了洁肤效果。

洁肤后用毛巾擦拭脸上的水时，不可用力揉搓，以免伤害肌肤。正确使用毛巾的方法是将毛巾轻贴在脸颊上，让毛巾自然吸干水分。

2. 头发的清洁

要保持头发的清洁应注意以下几个方面：

（1）无异味、无异物（无头屑）、不染彩色发。

（2）经常梳洗。根据自己的发质，选择合适的洗发液对自己的头发进行梳洗，条件允许的话，应隔天洗一次头发，最长也不应超过 3 天。在夏季或经常进行户外运动及油性发质者应天天洗发。

知识链接

各类皮肤的特点

类型＼特点	毛孔情况	光泽度	出现问题	相应的护理方法
油性	粗大	好	易长暗疮、黑头、白头和螨虫	将玫瑰花瓣浸泡在水中，加入几滴蜂蜜，沾湿面部，用手拍打至干燥，每晚 2～3 次，便能滋润面部，使之光滑细腻
干性	细小	差	易脱屑、长皱纹和斑点	晚上用冷水洗脸后，再用水蒸气蒸脸片刻，涂上爽肤水，然后轻轻拍按
中性	均匀	正常	易随季节变化而变化	洗脸时在热水中加入几滴白醋，能有效地清洁皮肤上过多的皮脂、皮屑和尘埃，使皮肤显得光洁美观，并减轻毛孔堵塞
混合性	T 区粗大、面颊细小	一般	T 区易长暗疮、黑头、白头和螨虫，脸颊易脱屑、长皱纹和斑点	洗脸时，在出油的部位多洗一次。应分区做面膜，T 区用清爽的面膜，干燥部位用保湿、营养面膜

(3) 定期修剪。男士的头发应每半个月修剪一次，最长也不应超过 1 个月。女士如果留的是短发，也应不超过 1 个月修剪一次。

(4) 如果是长发，一般要求束发或盘发，干净、利落的造型意味着整洁和效率。

3. 身体清洁

讲究个人卫生，养成良好的卫生习惯，要求身体不带异味。常常洗澡是必要的，尤其是参加一些正式活动之前一定要洗澡。如果有“狐臭”，应及时治疗，避免在日常交往中引起交往对象的反感。

4. 去除分泌物

个人仪表上的一些细节虽然细微，却足以瞬间毁掉一个人的形象，肮脏的分泌物就是其中之一。

(1) 清除眼部分泌物

眼睛是心灵的窗户，因此千万不要忘记保持这扇窗户的干净明亮。在商务活动前一定要注意清理眼部分泌物，保持眼部清洁、明亮。

(2) 注意保持鼻腔清洁

一是不要让异物堵塞鼻孔，或是让鼻涕任意流淌，这样很不雅。二是要经常检查自己的鼻毛是否过长，以免有碍观瞻。如鼻毛过长应用小剪刀剪短，但不要去拔。保持鼻腔的清洁，不要用手抠鼻孔，尤其是在客人面前，这样既不文雅，又不卫生。

(3) 清除耳垢

耳垢虽然不易看到，但却不要忘记将其清除。因为这不仅关乎个人卫生，而且若长期不清理，耳朵很有可能随时会痒起来，若下意识地清除耳垢的情况恰巧发生在与客户洽谈时，将十分不雅观。因此要定期清除耳垢，随时保持洁净。

5. 保持手部卫生

在交际活动中，手占有重要的地位。接待客人时，通常以握手的礼节来表示对客人的欢迎，然后再伸出手递送名片等，客人总是先接触到手，形成第一印象。通过观察手，可以判断出一个人的修养与卫生习惯，甚至对生活的态度。因此，应经常清洗自己的手，修剪指甲。要注意以下几点：

（1）经常用洗手液或肥皂清洗手部，保持手部的清洁卫生。

（2）及时修剪指甲。指甲不修剪容易存留脏物，这样不仅有碍观瞻，而且会让准备与自己握手的人感到尴尬，所以应当及时地修剪指甲。

（3）指甲不可过分修饰，不可涂有色的指甲油，不可美甲。过度修饰会给人留下不重视工作且无视职场规则的印象。

（4）不可啃指甲，更不可当众咬手指头。

6. 注意口腔卫生

保持牙齿清洁，要做到以下几点：

（1）坚持早晚刷牙

常规的牙齿保洁应做到“三个三”，即：三顿饭后都要刷牙；每次刷牙的时间不少于三分钟；每次刷牙的时间应在饭后三分钟内。

（2）保持牙齿洁白

尽量不养成吸烟、渴浓茶的习惯，以免牙齿变黄变黑。若牙齿出现变黄变黑的情况，可到医院洗牙美白。

（3）避免口腔异味

口腔异味影响交际，要保持口气清新，每日早晨起床，空腹饮一杯淡盐水，平时多以淡茶漱口，不暴饮暴食，多吃清淡食物，忌油腻和辛辣，戒烟酒；工作之前不吃葱、蒜、韭菜等食物。若因各种原因，口腔带有异味时，牛奶、口香糖、话梅可减少口腔异味。

7. 定时剃须

这一点仅针对男士而言。男性蓄须不是绝对的错误，但一定要顾及自己的身份、职业、年龄。为了让自己树立一个适应快节奏的现代生活、精明高效人士的形象，也为了对他人表示敬意，最好不要留胡须。剃须一定要定时，且剃得干净、彻底。

二、化妆适度

化妆可以一定程度上弥补容貌上的不足，使自己的形象更加靓丽，因此在商务活动中，适度的化妆是很有必要的。

1. 化妆礼节

化妆能更加充分地展示女性容貌上的优点，表现美丽优雅的气质，然而不合礼节的化妆却会适得其反。

(1) 浓淡适宜

化妆的浓淡要视时间、场合而定，工作时间一般以化淡妆为宜。在夜晚的休闲时间“淡妆浓抹总相宜”，而白天也浓妆艳抹，香气四溢，难免会给人留下不好的印象。

案例 2—3—1

张秀云是一个小服装厂的老板，年近五十，特别喜欢化妆。她使用的化妆品无一不是名牌，但化妆的技巧却很糟糕：脸永远被厚厚一层肉红色粉底覆盖着；眉毛是青绿色的两条；睫毛上涂着黑色睫毛膏，上下两条明显的青绿色眼线，将双眼画成熊猫眼；嘴唇永远涂着粉红、酒红或玫瑰紫等鲜艳的色彩。她厂里的员工私下里都叫她“超龄摩登少女”。

一次，一个大公司经过考察后决定向她的服装厂订购一大批员工制服，然而等到双方见面之后，没怎么商谈，对方又取消了订单。原来对方虽然满意她的工厂的设计和制作，然而她的化妆品位实在让人无法相信她的工厂能设计制造出精美合体、品位较高的时装来。

案例解析：从事商务活动时，以化淡妆为宜，特别是年近五十的私企老板，更加不能化如此浓艳的妆。可想而知，如果连自己的容貌都打理不好，又怎会设计出品位较高的服装呢？所以不懂化妆礼节的张秀云才痛失了一次扩大规模的好机会。

(2) 注意补妆

在化好妆之后，随着时间的推移和流汗、喝水等情况的出现，妆容将会出现残缺，这时一定要进行补妆。

补妆要注意两点：一是及时，二是避人。妆容残损不仅令自己仪表失色，同时会给别人留下不修边幅、不够自尊自爱、做事不够勤快的印象。残妆在脸上留的时间越久，给别人的负面印象越深。但是补妆时一定要避开人。当众化妆是没有修养的表现。

2. 化淡妆的方法

化淡妆的首要准则是自然大方，让自己看上去精神焕发又不露痕迹。很多人认为，化淡妆只是简单地化妆，事实上淡妆不但不是简单地化妆，反而应当是更细心、更留意地化妆。

(1) 洁肤润肤

主要作用是保护皮肤，包括用洗面奶、爽肤水、乳液和隔离霜等。不管是化淡妆还是化彩妆，护理皮肤是最基本的一步，只有拥有了健康光润的皮肤，化妆品才能最大限度地显示其作用。

(2) 上粉底

最好用化妆海绵，用点按的方式上粉底，这样比较服帖。选择粉底的时候最好用接近自己肤色的，眼周、口周、鼻周的粉底可以稍厚些。

(3) 定妆

如果是日常淡妆就用大粉刷用干粉扫一下。如果是在室内或晚上可以用干粉扑用点按的方式上散粉。

(4) 上眼影

方法是从睫毛根部慢慢向上晕，一般日妆高于双眼皮一点点最佳。原则是下深上浅，外深内浅，眼影的颜色一般应与服装是同一色系的。

(5) 眼线

上眼线从中间开始以每次两毫米来回移动的方式朝两边画。一般日妆不画下眼线，若要画也只需化眼尾的三分之一。画眼线应遵循的原则是线条流畅，眼尾应略粗。

(6) 眉毛

眉毛多只需修出形状，用眉粉轻轻扫一下。眉毛稀薄的需要用眉笔。其原则是眉头浅，眉腰深，眉尾越来越浅，慢慢过渡。眉头在眼角与鼻翼垂直线上，眉尾在鼻翼与外眼角的一条线上。眉峰在尾毛的三分之二处。总的说来眉毛还因脸型的不同而有所不同。

(7) 腮红

腮红的颜色要与眼影的颜色及自己的脸型相配合。一般说来，冷色眼影用粉色腮红，暖色眼影用橙色腮红。圆脸用斜向、小脸用横向的方法扫腮红。

(8) 高光

在眉弓骨处用一点点亮白色眼影会使眼睛显得更有立体感，这就是高光的效果。

(9) 唇彩

日妆一般用唇彩就可以了，没有太多要求。

(10) 睫毛

先用睫毛夹把眼睫毛夹翘。分三次来夹，先夹睫毛根部，再夹中间，最后夹尾部。夹眼睫毛时眼睛向下看时更好夹。涂睫毛膏时用 Z 字形来回刷。可以多涂几次。抽出睫毛刷时最好用旋转的方式，这样睫毛膏不易干，可以用得更久。

3. 不同脸型的化妆方式

脸部化妆一方面要突出面部五官最美的部分，使其更加美丽；另一方面要掩盖或矫正缺陷或不足的部分。不同脸型的特点及化妆要点见表 2—3—1。

表 2—3—1　　不同脸型的特点及化妆要点

脸型	图示	脸型的特点	化妆的技巧	化妆的重点
椭圆脸形		椭圆脸形又称鸭蛋脸形、标准脸形。脸略长但丰满，下巴呈圆弧形。线条圆滑，给人以温柔、贤淑的感觉	化妆时宜注意保持其自然形状，突出其可爱之处，不必通过化妆去改变脸型	·胭脂：应涂在颊部颧骨的最高处，再向上向外揉化开去 ·嘴唇：除嘴唇唇形有缺陷外，尽量按自然唇形涂抹 ·眉毛：可顺着眼睛的轮廓修成弧形，眉头应与内眼角齐，眉尾可稍长于外眼角

续表

脸型	图示	脸型的特点	化妆的技巧	化妆的重点
圆脸形		圆脸形给人可爱、玲珑之感	这种脸型是可爱的，要修改成理想的椭圆脸形并不困难	•胭脂：从颧骨一直延伸到下颚部，必要时可利用暗色粉底做成阴影 •嘴唇：可在上嘴唇涂成浅浅的弓形，不能涂成圆形的小嘴状，以免有圆上加圆之感 •眉毛：可修成自然的弧形，可作少许弯曲，不可太平直或有棱角，也不可过于弯曲
三角脸形		额部较窄而两腮较宽，整个脸部呈上窄下宽状	化妆时应将下部宽角"削"去，把脸型变为椭圆状	•胭脂：由眼尾外方向抹涂，对于两腮可用较深的粉底来掩饰 •嘴唇：唇角稍向上翘 •眉毛：宜保持自然状态，不可太平直或太弯曲
倒三角脸形		又称瓜子脸，额部较宽大而两腮较窄小，呈上宽下窄状	化妆时，掌握的诀窍恰恰与三角脸形相似，需要修饰部分则正好相反	•胭脂：应涂在颧骨最突出处，而后向上、向外揉开。如果下巴显得特别尖小的人，脸的下部便要用浅色的粉底，而过宽的前额宜用较深的粉底 •嘴唇：宜用稍亮些的唇膏以加强柔和感，唇形宜稍宽厚些 •眉毛：应顺着眼部轮廓修成自然的眉形，眉尾不可上翘，描时从眉心到眉尾宜由深渐浅
方脸形		双颊骨突出	化妆时，要设法加以掩蔽，增加柔和感	•胭脂：宜涂抹得与眼部平行，切忌涂在颧骨最突出处。可抹在颧骨稍下处并往外揉开。可用暗色粉底调在颧骨最宽处造成阴影，令其减弱方正感。下颚部宜用大面积的暗色调粉底造成阴影，以改变面部轮廓 •嘴唇：可涂丰满一些，强调柔和感 •眉毛：应稍宽而弯曲，不宜有角

案例 2—3—2

小王大学毕业后，在一家企业的办公室担任秘书工作。她是一个很有上进心的女孩，一心想做出成绩。她工作积极主动，真诚地与同事相处，但她常常睡眼蒙眬地进入办公室，不喜欢化妆，头发枯黄地趴在额头，所穿着的服装也较为随意，运动衣、运动裤是她最喜欢的服装。领导因为此事找她谈话，她却不以为然，认为是"自然美"。一年以后，一位女同事替代了小王的位置，她被安排到资料室去工作了。小王始终都没有弄明白，自己这么努力工作，为什么还会被调离她喜欢的秘书岗位呢？

案例解析：秘书经常需要接待客人，代表了企业和领导的形象。因此，小王应着职业装并化淡妆。

三、发型美观

头发因其可修饰度较大，往往对一个人的整体形象影响很大。美观的发型能给人一种整洁、庄重的感觉。根据自身的条件修饰头发，选择合适的发型，可以扬长避短，增加人体的整体美。

1. 发型选择原则

（1）美观大方

发型要美观大方，根据自己的体型、脸型设计一个相符合的发型，不要搞太多花样。一般来说，身材苗条的女士，宜选择较长的发型，如果发型过短，就更显瘦长；体型矮胖的人，则以较短的发型为佳。

（2）适合个人性格

发型不仅必须要适应个人的形体特征，同时也要考虑年龄和性格。内向性格的人，发型要稳重或稍长一些；外向性格的人可以选择短小的学生式或运动员式发型。少女选择发型较为自由，但不宜梳复杂发型，以便突出青春自然之美；青年女性忌过分时尚，以维护纯情姿态；中年女性不宜留长发，以强调丽质端庄；颈部短的人，最好留短发或把头发梳成向上的发型；颈部缺陷明显者，可留长发遮盖。

（3）适合职业要求

服务员的发型要短而利落，教师、“白领”要使发型庄重、大方，而发型过于蓬松就不适于俯身工作。若一位男士梳长辫或披发过肩，则会令人难辨男女，引起不必要的麻烦。

（4）自然得体

美发通常包括护发、烫发、染发和佩戴假发、发饰、帽子等。不论采用哪种方法，都要注意美观大方，自然得体。如果一位秀发如云的少女，一定要追赶时尚，染成“黄毛丫头”，往往会丧失其青春活泼之姿，“染”出俗气。

2. 发型与身材

选择合适的发式非常重要，它能影响一个人的整体气质。发型与身材的关系非常密切，发型处理得好，对体型能起到扬长避短的作用；反之，就会夸大形体缺点，破坏人的整体美。下面大致介绍一下发式选择原则。

（1）高瘦型

这种体型的人容易给人细长、单薄、头部小的感觉。要弥补这些不足，发型要求生动饱满，避免将头发梳得紧贴头皮，或将头发弄得过分蓬松，造成头重脚轻之感。一般来说，高瘦身材的女士比较适于留长发、直发。应避免将头发削剪得太短薄，或高盘于头顶上。头发长至下巴与锁骨之间较理想，且要使头发显得厚实、有分量。这里要注意的是，即使是高瘦型的商务男士也不应留长头发，只要让发型显得饱满就行。

(2) 矮小型

个子矮小的人给人一种小巧玲珑的感觉，在发型选择上要与此特点相适应。发型应以秀气、精致为主，避免粗犷、蓬松，否则会使头部与整个形体的比例失调，给人头大身体小的感觉。身材矮小者也不适宜留长发，因为长发会使头显得大，破坏人体比例的协调。烫发时应将花式、块面做得小巧、精致一些。若盘头也有身材增高的错觉。

(3) 高大型

该体型给人一种力量美，但对女性来说，缺少苗条、纤细的美感。为适当减弱这种高大感，发式上应以大方、简洁为好。一般以直发为好，头发不要太蓬松。总的原则是简洁、明快，线条流畅。

(4) 短胖型

短胖者显得健康，要利用这一点造成一种有生气的健康美，可选择运动式发型。此外应考虑弥补缺陷。短胖者一般脖子显短，因此不要留披肩长发，尽可能让头发向高处发展，显露脖颈以增加身体高度感。头发应避免过于蓬松或过宽。

商务人士可以根据自己的身材选择不同的发型，以取长补短、增加美感，但都要遵循简洁大方、精明干练的原则，不能太张扬或追求个性化。

3. 发型与脸型

脸型是决定发型的最重要的因素之一，发型的选择应与脸型相协调，常见脸型与发型的搭配见表 2—3—2。

表 2—3—2　　常见脸型与发型的搭配

序号	脸型	发型设计	图例
1	方脸形	方脸形的额头、颧骨、下颌的宽度基本相同，要设法从视觉上拉长脸型。最好剪成不对称式中长发，把头发多的一边往上往前吹风，形成大波浪以柔和脸的曲线。还有一种方法是剪两边对称的短发，把两边的发梢往前拉到腮帮，以遮盖方下巴，造成椭圆形脸的视觉效果	
2	长脸形	为了给人以椭圆形脸的视觉效果，长脸形人的发型设计应当着重于缩短脸长，增加脸宽的效果。女发以齐下巴长的中长发式为宜。前额多留些刘海，两边发型丰满蓬松，不要紧贴脸颊。男发宜留分头，略盖前额	

续表

序号	脸型	发型设计	图例
3	圆脸形	圆脸形最好选择头顶较高的发型，留一侧刘海，显得脸长一些。女短发则可以是不对称或是对称式，或者留一些头发在前侧吹成半遮半掩，头顶头发吹得高一些	
4	三角脸形	三角脸形的特点是前额和颊骨比较狭窄，而下颌轮廓比较宽阔。对于这种脸型，应当增加头顶头发的高度和蓬松度，留侧分刘海，以改变额头窄小的视觉。头发长度要超过下巴，避免短发型。烫一下更好，容易做出大波浪，发梢柔软地附在腮边	
5	菱形脸形	菱形脸形的特点是前额和下颌轮廓狭窄，颊骨比较高。对于这种脸型，设计发型要注意增加前额的宽度和饱满度，使整体造型呈椭圆形，以烫丝丝卷发最为美观，前额有几缕花丝轻垂，而后卷发与顶部发式相互呼应，就可以弥补菱形脸的缺陷	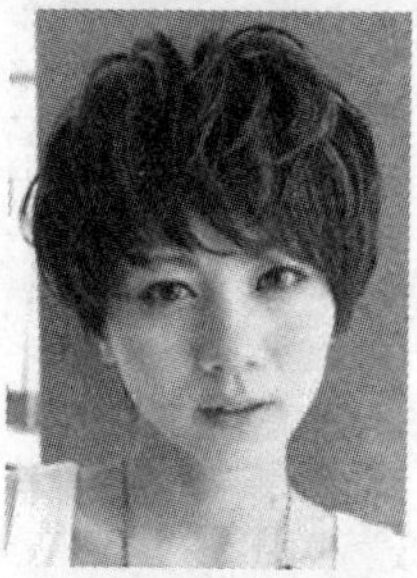
6	椭圆脸形	椭圆脸形的特点是额头与颧骨几乎一样宽，同时又比下颌稍宽一点，脸宽约是脸长的三分之二。在专家眼中是完美的脸型，长发、短发皆适宜，可大胆尝试任何发型	
7	心形脸形	心形脸形的特点是下颌轮廓比较狭窄，而前额和颊骨比较宽阔。对于这种脸型，应当着重于缩小额宽，并增加脸下部的宽度。具体来说，头发长度以中长或垂肩长发为宜，发型适合中分刘海或稍侧分刘海。发梢蓬松柔软的大波浪可以达到增宽下巴的视觉效果，更添几分魅力	

思考与练习

一、简答题

1. 简述基本仪容礼仪要求。

2. 简述女士穿着西装套裙的礼仪要求。

3. 简述男士穿着西装套装的礼仪要求。

4. 简述与人交流时应注意哪些目光礼仪。

5. 分别阐述站姿、坐姿、走姿、蹲姿和手势的基本要求与禁忌。

二、实践题

1. 广东的夏天很热，短袖衬衫或T恤是一般人很好的选择，但有的人感觉短袖衬衫虽凉快，但在商务场合见客总不太正规，你认为夏天见客人可以直接穿一件短袖衬衫而不穿西装吗？请分组讨论后陈述自己的理由。

2. 案例分析

1999年夏天，在北京劳动人民文化宫太庙上演由张艺谋执导的意大利歌剧《图兰朵》时，出现了身穿裤衩、背心的人与身着燕尾服、晚礼服、西装裙的人一同欣赏节目的场景。为什么会出现这种现象，什么样的服饰才是符合观看歌剧演出的服饰呢？

第三章 商务沟通礼仪

第一节 称呼礼仪

学习目标

- 掌握商务沟通中的称呼类型
- 掌握商务沟通中的称呼禁忌

称呼指的是人们在日常交往当中，所采用的彼此之间的称谓语。在商务交往中，选择正确、适当的称呼，反映着自身的教养、对对方尊敬的程度，对进一步的商务沟通有重要帮助。

一、称呼的类型

1. 职务性称呼

以交往对象的职务相称，以示身份有别、敬意有加。通常职务性称呼有三种形式。

（1）只称职务

如“董事长”“校长”“总经理”“主任”等，多见于熟人之间。

（2）职务前加上姓氏

如“王董事长”“李校长”“王总经理”“张主任”等，适用于一般场合。

（3）职务前加上姓名

如“××董事长”“××校长”“××总经理”“××主任”等，适用于十分正式的场合。

2. 职称性称呼

对于具有职称者，尤其是具有高级、中级职称者，在工作中直接以其职称相称。通常职称性的称呼有三种形式。

（1）只称职称

如“教授”“工程师”“研究员”等，多见于熟人之间。

(2) 职称前加上姓氏

如“王教授”“李工程师”“陈研究员”等，适用于一般场合。

(3) 职称前加上姓名

如“××教授”“××工程师”“××研究员”等，适用于十分正式的场合。

3. 行业性称呼

在工作中，若不了解交往对象的具体职务、职称、学衔，有时不妨直接以其所在行业称呼。例如，可以称教员为“老师”，称医生为“大夫”，称驾驶员为“司机”，称警察为“警官”等。此类称呼前，一般均可加上姓氏或姓名。

4. 泛称呼

它是指社会各界人士在较为广泛的商务沟通场合均可使用的表示尊重的称呼，如“先生”“女士”“同志”等，在这类称呼前，也可冠以姓氏或姓名。

案例 3—1—1

某高校一位大学生，用手捂着自己的左下腹跑到医务室，对坐诊的大夫说：“师傅，我肚子疼。”坐诊的大夫说：“这里只有大夫，没有师傅。找师傅请到学生食堂。”学生的脸红到了耳根。

案例解析：称呼一定要明确，这样才能减少尴尬，明确的称呼既体现了自己的文化水平，也表示了对他人的尊重。当然，作为大夫也应该注意服务态度，讲究礼仪修养。对病患不当的语言应予以宽容，批评对方要采用委婉的语气。

二、称呼的禁忌

1. 无称呼

在商务活动中不称呼对方，就直接开始谈话是非常失礼的行为。

2. 错误的称呼

(1) 误读

即念错对方的姓名。为了避免这种情况的发生，对于不认识的字，事先要有所准备；如果是临时遇到，就要谦虚请教。

(2) 误会

主要是对被称呼人的年纪、辈分、婚否及与其他人的关系做出了错误判断，如将未婚女士称为“夫人”。

3. 使用地方性称呼

有些称呼具有很强的地方色彩。如北京人爱称人为“师傅”，山东人爱称人为“伙计”。但是，在南方人听来，“师傅”等于“出家人”，“伙计”肯定是“打工仔”。中国人经常把配偶称为“爱人”，而在外国人的意识里，“爱人”等于“情人”。

4. 使用不适当的俗称

有些称呼不适于在正式商务场合使用。如“兄弟”“哥们儿”，使用这类称呼，会让人感觉档次不高，缺乏修养。

5. 不适当的简称

比如“南航”，便会令人难以分辨其为南方航空公司还是南京航空航天大学。

6. 避免语音禁忌

（1）注意上司的姓氏与职务的语音搭配，如对方姓傅或戴，不要直呼对方为“傅××”“戴××”，而应略去姓氏，直称官衔，以免他人误会是副职或临时代理。

（2）如果对方姓贾，也最好不要直呼对方为“贾某某”，而应略去姓氏，直称官衔，否则难避调侃之嫌。

（3）近年来，中国官场流行简称，按照一般原则，正职以姓氏加职务称谓的第一个字，如“赵厅”“钱局”，但如果遇上类似“范局”（饭局）等应略作变通，改用全称。

知识链接　**称呼技巧**

◆ 初次见面要称呼“姓氏＋职务”，吐字清晰，加重语气，稍微停顿。

◆ 副职可以去掉“副”，老总不要去掉“总”。

◆ 关系越熟越要注意称呼，特别是在有旁人的场合。

◆ 关系亲密可以私下称兄道弟，公开场合则不宜这样称呼。

◆ 女士称呼年轻化。

◆ 不知道如何称呼时大方求教对方。

◆ 任何时候不要用“喂”。

◆ 在文化气氛浓厚的单位，可以称“老师”。

◆ 有欧美投资背景的外企中，一般互称英文名字，即使是对上级甚至老板也是如此。

◆ 在政府机关和国企，上级称“姓氏＋职务”，同事和下级称姓名。

◆ 港、澳、台的已婚女士将夫姓冠在名字前的，称“夫姓＋太太”。如：冯陈富珍，称冯太太。

◆ 对英美人，正式场合一般只称姓。

案例 3—1—2

小朱进入了一家新的单位，领导带他熟悉周围环境，并介绍给部门的老同事认识。他非常恭敬地称对方为老师，大多同事都欣然地接受了。

当领导把他带到一位同事面前，并告诉小朱，以后就跟着这位同事学习，有什么不懂的就请教她时，小朱更加恭敬地称对方为老师。这位同事连忙摇头说：“大家都是同事，别那么客气，直接叫我名字就行了。”小朱仔细想想，觉得叫老师显得太生疏了，但是直接叫名字又觉得不尊敬，不知道该称呼对方什么比较合理。

第二节　交谈礼仪

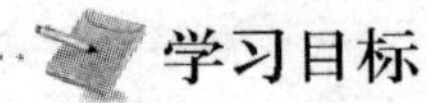

学习目标

- 明确交谈的原则
- 懂得倾听的重要性并学会倾听
- 掌握说话的艺术技巧，能够大方得体地与人交谈

交谈是表达感情的工具，是沟通思想的桥梁。善用语言的人，一席话能使人心情舒畅，很多问题能够在交流沟通中迎刃而解；不善言谈的人，一讲话就容易使人误解，给沟通造成种种障碍。因此，掌握交谈礼仪原则和方法，对于商务人士非常重要。

一、交谈的原则

1. 明确目的性原则

商务交谈和一般的谈天、闲聊是有严格区别的，其中最重要的一点就是目的性。一般的谈天比较随性，没有明确的目的性，顾忌的东西也相对较少。商务人士间的交谈有明确的目的性，这是由商务活动的快捷高效这一特点所决定的。在快节奏的当代社会，快捷高效已经是每个行业的基本要求，带着明确的目的性进行礼貌简洁的沟通，其效率当然是最高的。

事实上，作为交谈原则的首要原则，明确目的性原则所起的作用有时是非常明显的。

案例 3—2—1

小明和小王是某名牌大学计算机专业的大学生，毕业后进了同一家公司。刚刚半年不到，小明已经被接连两次提升，获得了领导的重用，而小王则依然“原地踏步”。对于这一点小王百思不得其解：“为什么起点基本相同，能力基本持平的两个人，却在升职这件事上有如此大的差距呢?”一天他终于鼓起勇气敲响了人事经理的大门，非常委婉地问了这个问题。经理语重心长地跟小王说：“你们两个其实都很优秀，公司都想对你们两人委以重任。但你还不太成熟，所以升职慢了一点。比如说有一点你就比不上小明。小明虽然不爱讲话，但他每次都能一针见血地提出问题的关键所在，而且汇报工作也很有针对性和目的性。这不仅让他效率很高，而且跟他沟通起来非常简便，还让我们觉得他思维清晰，反应敏捷，可堪重任。小王，你好好努力吧。”

经理的一席话点醒了小王。原来小王比较随性，喜欢在跟同事谈工作时聊几句，甚至在跟领导汇报工作时，也经常东拉西扯。他意识到是这个缺点害了自己之后，努力改正错误，终于在几个月后，迎来了自己职业生涯的第一次升职。

案例解析：有明确目的性地交谈，不仅能显示自己专注于工作，有很强的敬业精神，而且会给人思路清晰、反应灵敏的好印象。小明的领导就觉得，跟这样的人交谈，目标明确，简洁高效，让人非常愉快，他当然会获得领导的赏识。

2. 对象性和适应性原则

言语礼仪的第二个原则是对象性和适应性原则，这主要指的是说话时要看交谈对象，并且要分清场合，适时、适度。

交谈的对象如果是长辈或领导，一定要做到谦逊有礼。在长辈或领导面前讲话，保持适度的恭敬与谨慎是非常有必要的。这不仅能让事情进展顺利，而且也是良好教养的表现。如果交谈对象是异性，特别是不熟悉的异性时，应当彬彬有礼，并保持一定的社交距离。这样才能给人稳重可靠的感觉。在与非专业人士交谈时，应当注意不要使用专业词语，一方面，这让对方听不懂，有碍交流；另一方面，又会给人卖弄知识的感觉，让对方感觉很不舒服。当然，过于低俗或者过于文雅的语言都应避免出现在商务交谈中，因为这样很容易让人看笑话。对性格直率和文化层次较低的人可以直接明白地讲，而对于文化层次较高的人，如果更客气和更委婉一点，对方会更乐于接受。

在涉外商务交谈中还应特别注意谈话对象的民族差异。由于不同民族文化存在差异，其语言也必然存在差异，同一句话对于不同民族的对象来说，其反应也往往迥然不同。

案例 3—2—2

李经理对第二次世界大战的历史和灾难元凶之一希特勒很感兴趣，也颇多研究。公司正在为做一家德国公司的中国总代理一事进行磋商，在与德国贸易代表初次见面时，李经理先是好好地夸奖了其民族作风的严谨等，对方听着非常开心，但是接下来他大谈第二次世界大战和希特勒。李经理口若悬河，根本没有注意到对方越来越难看的脸色，等他滔滔不绝地讲完后，合作也告吹了。

案例解析：谈话要注意对象。第二次世界大战和希特勒这一话题，与一般的外国人谈起没什么问题，但德国人把第二次世界大战和希特勒视为很深的罪恶和极大的耻辱，因此在德国人面前大谈希特勒毫无疑问会让对方非常难堪，合作事宜当然告吹。

中国有句俗语叫“见人说人话，见鬼说鬼话”，虽然俚俗不雅，但非常形象地表述了说话的对象性。还有一句俗语是“上山唱山歌，下海唱渔歌”，讲的就是说话的适应性原则。

在庄重的场合，言辞应当恭敬严肃；在非正式场合，言辞可以适当轻松诙谐一点。在工作场合，言辞应当简洁高效，在聚会时尽可随性一点。在喜庆场合不要讲不吉利的话，在悲哀的场合不要眉飞色舞等。这些都是言语的适应性原则。

3. 分寸性原则

凡事要有“度”，讲话更是这样。赞美的话人人都爱听，但说多了有失真诚，且有阿谀之嫌；忠言逆耳，讲的适度别人能接受，反之则会起到相反的效果；幽默风趣的人讨大家的喜欢，太过则显得油嘴滑舌；开玩笑过度会让人感觉很尴尬，久而久之还会影响自己的人际关系。这就是言语礼仪的分寸性原则。

案例 3—2—3

小毛是公司的一名员工，很爱开玩笑，虽然他乐在其中，却不知道其他人心里的感受。老刘说话方言口音重，他经常学老刘说话；小张体型微胖，小毛就经常拿他的体型开玩笑；小宋个子矮，小毛经常说："小宋穿衣服省布，真让人羡慕。"渐渐的，公司里愿意理小毛的人越来越少，他感觉到被孤立后，苦恼地换了工作。但奇怪的是，过了一段时间后，小毛又发现，他在新单位的人缘好像也越来越差了。

案例解析：从案例中可以看到，小毛开的玩笑都是建立在别人的短处上的，这样的玩笑当然会让人不舒服。对于这样的玩笑，即使是修养再高的人，也会慢慢地疏远他。如果小毛的这个毛病不改的话，他将很难找到欢迎自己的公司。

在工作岗位上，适度的玩笑让一个人魅力四射，而开玩笑过度或一天到晚地开玩笑，则会让人觉得这个人玩世不恭，不稳重可靠。

言语的分寸性原则中另一个值得注意的地方是，要把握好批评与攻击的界限。在商务场合，特别是一个商务集团内部，经常会出现批评的声音。批评的本意是为了别人能够做得更好，更有利于工作或集体的发展，但它的分寸却是最难拿捏的。适度的批评让人易于接受，对个人和集体都是有利的，而过度的批评则会激起人的逆反心理，甚至会让人把善意的批评误解为恶意的攻击，把事情搞得更糟。

案例 3—2—4

某公司的一次例会上，经理让大家互相提意见，批评指正。小崔发言说："小罗和我在同一个部门工作，他的一些做法，我不太认同。"经理示意他接着说，小罗也紧张地准备做笔记。小崔接着说："小罗工作效率太低，而且不认真，上班常常走神，对客户的态度也很不好。"一句话说出四个缺点，小罗当时就急了，于是两个人激烈地辩论了起来，最后演变成了争吵。会后小罗并没有因为小崔的批评而改进工作，而且和小崔的关系变得很僵。两人的关系让整个部门工作时变得沉闷起来，两个月后，小崔和小罗同时被公司辞退。

案例解析：批评是每个人都不愿意听到的，尤其是一连串批评同时出口。案例中的小崔一发言，几乎就全盘否定了小罗，小罗当然难以接受。最后的结果就是批评变为攻击，两败俱伤。

由此可见，在讲话的分寸性中，最难把握的就是批评的分寸，因此要特别注意。提出批评前，应当明确自己的立场，表明自己的观点，避免无谓的争执。批评时态度要诚恳，客观平和地表达自己的意见，千万不能透露出火药味。

4. 禁忌话题不谈不问原则

言谈中因对象不同、场合不同、情境不同，会有很多禁忌话题，对于这些禁忌话题，应当不谈不问。一般情况下，言谈中不应涉及疾病、死亡等事情，不应谈一些荒诞离奇、耸人听闻、低俗下流的话题。不应询问别人的年龄、婚姻状况、个人履历、工资收入、家庭财产、衣饰价格等私人生活方面的问题。与女性谈话则不能说对方长得胖或壮、保养得好之类的话。在涉外场合，忌谈政治、宗教等敏感话题，不讥笑、讽刺他人。不涉及国家秘密和行业秘密，不能随便议论交往对象，不能非议自己的领导、同行、同事。如果发现对方不愿意回答，则不应追问，如发现对方对某一问题很忌讳或反感，则应马上转移话题。总之，言谈中应察言观色，时刻注意别人的感受。

案例 3—2—5

老张和老王是童年时的玩伴，也是老同学。老张成家后来到上海发展，开起了公司，生意做得很大。一次偶然的机会，老张遇到了到上海来打工的老王。发达后的老张就把老王高薪聘请过来做一些杂事。两位老朋友相处得非常融洽。年末老张请中层干部吃饭，老王也在座。老王几杯酒下肚就开始大侃起来："你们知道张总怎么发达起来的吗?"大家都很好奇，就让老王快说。老王说："别人不知道我可知道。老张在我们那儿给人家入赘，当上门女婿。依靠老岳父的资助，才有了第一笔钱来做生意，后来到了上海，没想到现在这么风光。"老张听了以后，顿时脸就黑了下来。过年后老王就接到了公司的通知，不用再来上班了。

案例解析：毫无疑问，做上门女婿的事是老张的禁忌话题，也属于个人隐私，不愿意让人知道。老王虽然是老张的老同学，但他当着那么多员工的面触犯了老张的禁忌，所以老王丢掉了工作，也失去了这个朋友。

上司说了让下属忌讳的话，下属会很难堪，在场的人也感觉不舒服；下属犯了上司的禁忌，只能自砸饭碗。所以商务场合对禁忌话题一定要不谈不问。

二、倾听的艺术

如果只把言语礼仪看成"嘴巴的艺术"，那就大错特错了，因为它至少有一半是用耳朵来倾听的艺术。

1. 眼神专注

只有专注才能显得真诚，而最能传达专注的就是双眼，因此在倾听时时刻要注意自己的眼神是否专注于对方。在听别人说话的时候，要有目光的交流，用眼神表达出对对方的关切和热情。同时关注的眼神还表明了对正在谈的话题很感兴趣，这会让别人更愿意倾诉，会让接下来的交流容易很多。如果不习惯直视别人的双眼，也可以把目光投射到对方眉毛和眼睛之间，这样也能给人以受到关注的感觉。

2. 身体语言恰当

表达专注除了用眼神外，还应配以表情。从容自然的表情，偶尔闪现的微笑或蹙眉，恰当的喜悦或惊奇，都是无声而有效的语言。此外，想要做一个好的倾听者，还应当配合身体语言。

聆听别人说话时，首先要坐姿端正。这既可以维护好自己的形象，又表达了对对方的尊重和礼貌。

不能一动不动地像个雕塑一样坐着，也不能松松垮垮地坐在椅子上。坐下时双腿不能乱动，不要不断地改变姿势，也不要一会儿跷起二郎腿一会儿又放下，这种身体语言告诉别人，自己已经迫不及待地要离开了。腿不停地抖动也是对眼前谈话不耐烦的表现。这些身体语言在随时透露着心中的想法，所以应当特别留意，不要让不经意的动作“赶走”客户或同事。此外，手指不停地在桌子上叩击或频繁看表，也会把客人赶跑。

如果想表现出对交谈的内容感兴趣，可以保持身体稍微前倾。身体前倾是积极的身体语言，这表示希望与对方交流，愿意听对方谈话。谈话过程中可以适当配以手势，要适时点头，表示明白或肯定，鼓励对方把话说下去。如果有必要，把谈话中的关键所在记录在纸上，这会让人感觉你很细心而且很重视谈话的内容。

总之，交谈时做到“言行一致”“言行合礼”，才会让与自己谈话的人经历一次愉快的谈话经历。

3. 少说多听

倾听的艺术强调一双好的耳朵比一张灵巧的嘴更重要，因此也有人说：“上帝给了我们两只耳朵一张嘴，就是让我们多听少说。”少说多听其实是所有善于倾听者都具备的品质。

有不少人为了表现出自己的聪明才智、见多识广或者非常专业，从一开始就滔滔不绝地讲，尽管妙语连珠，到最后效果也不见得很好，这往往是因为讲得太多了。俗语说“言多必失”，事实确实如此。在交谈中，谈得过多的人不仅有时会讲错话，而且很容易暴露自己。

在与人交往的过程中，特别是在许多重大的商业谈判中，不过早表明自己的态度是很重要的，应首先摸清对方的情况。如果自己谈得太多了，就会在无意之中泄漏自己的态度。自己的想法对方一清二楚，而对方的想法自己却完全不了解，这样毫无疑问会使自己陷入一个很被动的境地。因此，也可以说，在谈判中，只要能让对手尽情地说个不停，就已经成功了一半。

少说多听，不仅满足了对方的倾诉欲望，表现出了对对方的尊重，而且还能了解很多东西，掌握交谈的主动性，因此，不妨把这一点列为言语礼仪的黄金法则之一。

4. 适当提问

少说多听并不意味着说的越少越好，适当提问也很重要。如果一个人能够既善于倾听又善于提问，那么不仅会给人受尊重的感觉，还会让人觉得自己很受关注，谈话的内容很重要。在恰当的时候，提出合适的问题，还表明一直在专心地听对方讲，给了对方继续讲下去的欲望。

当然，在提问时一定要注意礼貌，比如说：“我能不能提个问题？”对方点头应允后就可以提问了。所以不仅要把握好少说多听这一原则，还要把握好何时说、说什么、如何提问。

适时提出问题能够让谈话显得不那么沉闷，也能让自己最大限度地了解对方的想法，理清思路，提高沟通的效率。可想而知，如果一场谈话下来，对方口干舌燥地讲完自己的想法，却发现你有不少地方还是似懂非懂，那么对方将会是多么恼火。如果确实没有问题，那么可以用非常简短的话来不时回应对方，诸如说“嗯”“对的”“是吗”等，这样可以激起人的谈话兴趣，对方会很乐意接着把自己的想法说完。

三、说话的艺术

1. 三思而后言

商务交谈与日常交谈非常不同。在日常的闲谈中视关系的亲疏，有时可以直言不讳或随性而谈，而在商务交谈中则必须三思而后言。如果在交谈的过程中口无遮拦，轻则让人心生不快，重则产生严重的后果。

在日常工作中，需要三思而后言。面对领导和前辈时，一定要顾及对方的身份，用适当的语言来表达自己的想法，表现出应有的谦恭和礼貌。如果提出来的事情可能会让对方下不来台或面子上很不好看，那么应当避免当着别人的面来说，并且让对方感觉到自己受到了充分的尊重。面对同事也应当充分考虑到对方听到自己的话后将会出现的反应，否则讲话毫无顾忌，将会让自己的人缘越来越差。

在商务接洽和谈判中，更需要三思而后言。此时你的一言一行都将代表整个商务集团，所以言语更应谨慎。不要对自己的产品和服务大吹大擂，没有把握的事不说；模棱两可的话不说，以免引起别人的误会；不要轻率地下断言，否则很可能自己要承担相应的责任，给公司造成损失。

案例 3—2—6

吴青和周悦是一对好朋友。有一回学校发放“贫困生助学贷款申请表”，吴青了解周悦的家境贫寒，符合申请资格，并且也急需这笔助学贷款，便催促周悦去领表。可是周悦迟迟不肯行动，吴青急了，叫起来：“你不是跟我说过，你爸妈都下岗了，家里没钱供你读书，只有找亲戚借，但是亲戚借钱的脸色不好看吗？与其看人脸色，还不如直接向银行贷款。”当时正是课间，很多同学的目光都被吸引到两人身上。周悦的脸一直阴着，仍旧一言不发。吴青自悔失言，却不知道如何补救，两个好朋友好长一段时间都没有说话。

案例解析：在日常交往中，吴青作为好朋友，关心周悦的家庭状况，体现了吴青待人诚恳、善良。但在公共场合忌谈他人私事，应维护他人的尊严。而周青在公共场合大声质问周悦，并谈及周悦的家事是不礼貌的行为，这损害了周悦的尊严。事后吴青应私下找周悦道歉，周悦也应该宽容，原谅好朋友的无心之失。两个人为小事互不理睬，是失败的社交事件。

2. 失言时立刻致歉

言多必失，交谈中失言是难免的，关键是要在意识到自己失言后立即致歉。致歉并不会有损自己的面子，反而会让人觉得你是个很有修养的人。

致歉可以很简单，比如可以说“对不起，是我失言了”或“对不起，我的意思是……”。言语可以简洁，但致歉的态度一定要诚恳。

勇于认错是很重要的，所以一旦发现自己的言语伤害到他人的时候，千万不要碍于面子不肯道歉。每个人偶尔都会说错话。可是自己一定要察觉自己说了不该说的话，然后马上设法更正。

3. 挑对说话的时机

表达意见之前，都必须先确定，对方已经准备好，愿意听你说话了。什么时候开口才是最好的呢？其实要遇到最好的时机很困难，但是要遇到适于交谈的时机却不是难事。

当别人心情稳定不易冲动的时候就是我们说话的好时机，而如果感觉到对方比较烦躁时，则应尽量避免继续谈论下去。在工作中，有时有一连串的广告宣传需要同客户讲，有时有一些建设性的批评和建议需要向上级提出等，凡是需要决定或下决心去做的事情，如何选择说话的时机是成功与否的关键。

一般情况下，人总是在精力充沛、心情舒畅的时候能够接受别人的建议，此时就是说话的好时机。所以如果一名推销员总是选择别人刚刚下班的时候上门推销，那么十有八九会被赶走，因为疲惫中的人是不会容忍他人对自己打扰的。如果老板正因为在一次竞争中的失败而懊丧不已，那么此时不管你有多么宝贵的建议都不应当提出来，而是应当选择等待。等老板从懊丧的情绪中缓过神来，再提出你的新策略，此时才有被采纳的可能。

如果要请求别人帮忙或想让对方让步的话，一定要选择别人身体健康、工作状态较好又较为空闲的时候。如果别人自顾不暇或面临危机，这个时候不管你如何请求，别人都会感觉很厌烦。

4. 了解别人的感觉

事实上，要想做到三思而后言，知道何时失言应当致歉，能够挑对说话的时机，这些都需要一个很重要的前提，那就是能够了解别人的感受。

要想了解别人的感受就要站在别人的角度去感受谈话的内容。然而即使是相同的交谈，对于不同的人也会有不同的感受，所以了解对方的性格是很有必要的。对于比较严谨的人，说话时也应注意保持严谨。对于比较随意大度的人，也可较为轻松随意一点。如果对方是直性子，你说话也不必绕弯子；如果对方比较文雅，你说话就要委婉含蓄一点。

人受环境的制约很多，有些话私下里交流可以，却不能在大庭广众之下说。一句玩笑话，朋友聚会时说一下无伤大雅，在比较严肃的场合却是不能说的。因此，同样的话，在不同场合下，人的感受也会非常不同，这一点必须注意。

另外一点需要注意的就是情境。比如对方正处于悲痛之中，这时除了安慰的话之外，任何事务性的交谈都应当停止，因为对方在这种情境之下已无力无心做任何其他事情了。若对方兴致勃勃时，切不可兜头一盆冷水泼下来，这会让人非常扫兴的。所以，细察对方的喜怒哀乐，然后再考虑说哪些话，如何去说才适合，是非常重要的。

第三节　通信礼仪

学习目标

- 掌握接打电话的要求与技巧
- 掌握使用手机的基本礼仪规范
- 掌握进行即时通信时要注意的礼仪问题

随着科学技术的发展和人们生活水平的提高，电话、手机等通信工具的普及率越来越高。商务活动中，许多事情都要通过电话、手机和网络来商谈、询问、通知和解决，因此掌握通信礼仪是非常重要的。

一、电话礼仪

1. 接听电话礼仪

(1) 做好准备

养成做电话记录的习惯，在电话机旁准备专用的电话记录纸和笔，以免在工作中出现遗漏或张冠李戴的现象。电话记录五要素为“4W1H”，见表3—3—1。

表3—3—1　　电话记录的五要素

要素	内容
When	什么时间（接电话的时间）
Who	谁打来的
Whom	打给谁的
What	电话的具体内容
How	如何处理

(2) 及时接电话

一般来说，在办公室里，电话铃响3遍之前就应接听，铃声响了3遍后才接电话应向对方道歉："对不起，让您久等了。"不可既不及时接电话，又不道歉，甚至极不耐烦。在电话中说话时，应注意使嘴和话筒保持2～4厘米的距离，太近了不卫生，太远了影响通话质量；听对方说话时要把耳朵贴近话筒，仔细倾听对方的讲话。

(3) 得体问答

接听电话时，在礼貌问候对方之后应主动报出公司或部门名称及自己的姓名，切忌拿起电话劈头就问："喂，找谁？"同样，来电话者需要留话也应以简洁的语言清晰地报出姓名、单位、回电号码和留言。结束电话交谈时，通常由打电话的一方提出，然后彼此客气地道别。无论什么原因使电话中断，主动打电话的一方应负责重拨。

案例 3—3—1

礼仪专家顾问、北京礼仪学院院长李柠曾就礼貌接打电话说过如下一段话：

"打电话能主动先说'你好'的人能达到60%，这个数字感觉偏高了，可能和'窗口'行业的受访者比例最多有关。

我自己日常接触到的更多人习惯说'喂'，觉得说'你好'比较酸，装模作样假正经，说明多数人还不适应，你不适应的东西恰恰是美好的，因为没有人会抗拒他人对自己的尊重。

而打电话先说声'你好'，不管是公事，还是私人电话，都会给对方带来尊重和美好的感觉，也是良好修养的表现。"

(4) 声音清晰明朗

接听电话的过程中绝对不能吸烟、喝茶、吃零食，即使看不见对方，也要当作对方就在眼前，尽可能注意自己的姿势。

(5) 礼貌挂断电话

要结束电话交谈时，一般遵循"谁打出电话谁先挂断"和"位高者先挂"的原则。但如果对方也在礼貌地等候，可以客气地说："还有事吗？我可以放下电话了吗？"

案例 3—3—2

一位消费者新买的某品牌计算机出现了故障。她忘了该计算机的维修电话，于是从查号台问到该公司的电话后打了过去。一位工作人员接了电话后，犹豫几秒后说道："我帮你找人来说，你稍等。"谁知这一等就是好几分钟，这位消费者能听到办公室嘈杂的声音，但就是没人再接电话，那位工作人员好像也不知去向。她非常生气，从此对这个品牌的印象大打折扣。

2. 拨打电话礼仪

(1) 选择合适的时间打电话

打工作电话一般都要在上班时间打，大部分人不喜欢在家里接到谈公事的电话。除了紧要事之外，一般在以下时间是不宜打电话的：早餐时间，早晨7时之前，午休时间，晚上22:30以后。如果需要在午休或私人时间内打工作电话，一定要先表示歉意，以消除对方的反感。如在午休时间打电话，最好这样说："很抱歉打扰您的午休……"在下班后的私人时间打电话，最好这样说："很抱歉在这个时间打扰您，我是×××公司的秘书×××，请问刘总在家吗？"

（2）做好准备

打电话之前，要做到心中有数。向对方说明哪些问题，或者了解哪些情况，这些都要事先想清楚，必要的时候列个提纲，如要核对或查询资料，事先还要把有关文件、对方的电话号码和身份核实一遍。

知识链接　　**拨打电话前的思考提纲**

- 我的电话要打给谁？
- 我打电话的目的是什么？
- 我要说几件事？它们之间的顺序是什么样的？
- 我需要准备哪些文件资料？
- 对方可能会问什么样的问题？我该如何回答？

（3）与接听人恰当沟通

打电话时，有礼貌地向对方问好，并立刻说明自己的身份及打电话的目的，如果自己要找的人不在，可以等对方回来之后再打一个电话或请接听人帮忙转达。如果请接听人转达，应先弄清接听人的姓名（可能的话要弄清接听人的职务）并在谈正事之前征求对方的意见："×××不在，那么，我想把事情对您说一下，请您在×××回来之后转告他，您看可以吗？"不要在对方没有表态之前，自己就滔滔不绝地说开了。如果请接电话的人告知对方回复电话，可以说："我是××××公司×××部门的秘书×××，请×××部门的×××先生回来后给我回个电话，谢谢！"电话结束时，应对自己所说的要点请对方确认："关于×××事情，我们的看法是……谢谢！"

（4）拨错了号码要道歉

如果无意拨错了号码，一定不能一挂了之，而是要迅速道歉。可以说："对不起，我可能拨错号了。"可以报一下自己拨的号码，看是否与对方的号码相同，以免再次拨错。

（5）主动回电话

如果打电话时，因电话故障突然中断，应主动再将电话打回去，向对方道歉并解释。在打电话时，办公室内如果已经有人或通话时有同事闯进来而没有退出室外，可先对话筒说声："对不起。"然后礼貌而坚决地对进来的人说："我待会儿再去找你。"示意其退出。

知识链接　　电话用语对比

不恰当的电话用语	正确的电话用语
喂	喂，您好
找谁呀	您好，请问您找哪位
我找×××	麻烦您帮我找一下×××
他不在这儿	对不起，他不是在这儿的，他在×××办公室，电话是……
他不在	对不起，他现在不在，有事需要我转告吗 对不起，他现在不在，请您过会儿再打过来
有事吗	请问您有什么事
这样不行	对不起，这样恐怕不行
没听清，再说一遍	对不起，刚才没听清，麻烦您再说一遍
大声一点	对不起，声音能再大一点吗
打错了	对不起，您打错电话了
清楚了吗	我刚才说的您听明白了吗，要不要我再说一遍

二、手机礼仪

无论是在社交场所还是工作场合，放肆地使用手机已经成为礼仪的最大威胁之一，手机礼仪越来越受到关注。

在使用手机时应该注意以下事项。

1. 手机的放置

在一切公共场合，手机在没有使用时，都要放在合乎礼仪的常规位置。不要在并没使用的时候放在手里或是挂在上衣口袋外。放手机的常规位置有：随身携带的公文包里，这种位置最正规；上衣的内袋里；有时候，也可以放在不起眼的地方，如手边、手袋里。但不要放在桌子上，特别是不要对着对面正在聊天的客户。

2. 必要时关掉手机

在会议中和别人洽谈的时候，最好的方式还是把手机关掉，起码也要调到震动状态，这样既显示出对别人的尊重，又不会打断发言者的思路。

在餐桌上，关掉手机或是把手机调到震动状态也是必要的。

案例 3—3—3

秘书小刘的公司应邀参加一个研讨会。这次研讨会邀请了许多商界知名人士，总经理为了能让小刘在大场面的活动中得到锻炼，特意与小刘一同参加。会议早上 9 点开始，小刘睡过了头，迟到了 20 分钟，她急急忙忙地推开了会议室的门，门“吱”的一声响，大家的目光一下子集中在了她的身上。小刘刚坐下不久，突然会场内响起了音乐声，原来是她的手机响了，小刘公司的总经理脸一下子沉了下来，没过多久，小刘就被公司辞退了。

案例解析：在重要场合，手机铃声会影响或者打断别人的思路，会给别人留下不尊重别人的印象。

3. 手机的使用要注意场合

注意手机使用礼仪的人，不会在公共场合或座机电话接听中、开车中、飞机上、剧场里、图书馆和医院里随意接打手机。

公共场合特别是楼梯、电梯、路口、人行道等地方，不可以旁若无人地使用手机，应该把自己的声音尽可能地压低一些，绝不能大声说话。

在一些场合，比如在图书馆或在剧院打手机是极其不合适的，如果非得回话，采用静音的方式发送手机短信是比较适合的。

4. 打手机前要考虑对方是否方便

给对方打手机时，尤其当知道对方是身居要职的忙人时，首先想到的是，这个时间对方是否方便接听，并且要有对方不方便接听的准备。在给对方打手机时，注意从听筒里听到的回音来鉴别对方所处的环境。如果很静，应想到对方在会议上，有时大的会场能感到一种空阔的回声；当听到噪声时对方就很可能在室外，开车时的隆隆声也是可以听出来的。有了初步的鉴别，对能否顺利通话就有了准备。

不论在什么情况下，是否通话还是由对方来定为好，所以“现在通话方便吗”通常是拨打手机的第一句问话。

5. 能打座机就不打手机

在没有事先约定和不熟悉对方的前提下，很难知道对方什么时候方便接听电话。所以，在有其他联络方式时，还是尽量不打对方手机为好。由于手机话费相对较高，而且通信属于个人私事和个人秘密，因此，联系不熟悉的人时可先拨打其办公室座机，有急事需拨打手机时则应注意讲话言简意赅。如果需要长时间通话，应主动询问对方是否需要拨打其座机电话。

6. 工作期间不要用搞笑彩铃

手机在职场上起着举足轻重的作用，但有的人往往忽略手机的使用礼仪，这主要体现在手机不分场合地响起铃声及在与人交谈中频频接打电话。此外，不恰当的铃声设置和彩铃也可能失礼于人。

7. 收发短信的注意事项

不要在别人能注视到自己的时候查看短信。一边和别人说话，一边查看手机短信，是对别人不尊重的表现。

在短信的内容选择和编辑上，应该和通话文明一样重视。因为通过发送的短信，意味着赞同至少不否认短信的内容，也同时反映了个人的品位和水准。所以不要编辑或转发不健康的短信，特别是一些带有讽刺伟人、名人甚至是革命烈士的短信，更不应该转发。

知识链接　　**使用手机注意事项**

• 在飞机起飞后和飞机降落停稳前，一定要记住关闭手机电源。因为手机信号会干扰飞机导航系统，影响飞行安全。

• 在参加一些需高度保密的重要会议或参加重要的考试时，不要携带手机进场。

• 在大会会场、上课课堂、音乐会、电影院等场合，应将手机设置为静音或振动状态，若有重要来电必须接听时，应迅速离开现场，再开始与对方通话；如果实在不能离开，又要接听，则要压低声音，一切动作以不影响在场的其他人为原则。

• 在驾驶汽车时，不要拨打、接听电话，如果要拨打或接听电话，最好将车停靠在路边，或请同行的其他人代为接听。

• 使用平板式手机还要注意键盘的锁闭问题。

三、网络即时通信礼仪

由于各种即时通信软件的流行，人与人空间上的距离大大缩短了。即时通信软件也不再像过去那样仅仅用于娱乐休闲，而是在日常工作及商务往来上也扮演着非常重要的角色。但是，由于这种沟通方式并不是真正的面对面，常常因为缺少目光接触等非文字性语言所传达的信息而导致误会的出现，甚至因为不懂得礼仪而造成矛盾的发生。因此，掌握必要的即时通信礼仪非常必要。

1. 名称设置

一般网络即时通信都可以随意设置个性名称，但在商务使用中就要注意，尽量使用规范的、能表现企业形象的名称，比如公司名称、个人姓名等，便于识别和记忆。尽量避免不应用搞笑、古怪、易引起歧义等过于个性化的名称。

当对方是个性名称时，可以通过“更改对方昵称”等方式，改成“对方单位简称 + 对方姓名”。

个人签名也应注意，避免使用过于消极或者不健康的内容，毕竟在进行商务沟通时，你所传递的信息代表了企业的形象。例如，有人的签名是“本人已死，有事烧纸”，虽然看起来幽默，但显得有点不严肃，恐怕只适合在私人交往中使用。

2. 内容表达

即时通信有及时性的特点，对方当时就能收到、看到发送的内容。所以，要养成发送前再仔细审核一遍内容的习惯，不要有错字、别字、容易引起歧义的话或图释，以及可能泄露单位机密的内容。在表述方式上，要尽可能多用短句，勤用段落，这样更加方便对方阅读。

3. 慎用图释

适当使用图释。和满屏黑压压的文字比起来，图释显得生动而有趣。但商务使用时，应少用并避免滥用容易产生误会或格调不高、不健康的图释。

4. 沟通有序

即时沟通和电话或者当面沟通一样应该有礼貌，表达出“来有影、去有踪”的专业素养。正式说话之前要先打招呼；沟通结束后要有结束语。刚沟通结束自己就要下线，应和刚刚沟通过的人打个招呼，避免对方想继续沟通，自己却突然之间不在线而耽误事。

5. 注意状态

正忙于其他事而无暇顾及网络及时通信工具时，建议设置状态，如“忙碌”“外出就餐”“接听电话”等，避免对方发话后，没人搭理而发生误会。

思考与练习

一、简答题

1. 称呼有哪几种类型？在使用称呼时应注意哪些禁忌？

2. 与人交谈时，应如何选择话题？

3. 简述接打电话的礼仪。

二、实践题

1. 案例分析 1

谢小姐大学毕业后不久在某公司就职当秘书，性格开朗、活泼，朋友非常多。朋友多，电话自然也很多，谢小姐上班时总要接一些私人电话。接到朋友的电话，谢小姐总是很高兴，她常常旁若无人地与朋友谈笑风生，似乎总有说不完的话，可是，她没有察觉到周围的同事们都向她投射带有责备的目光。

问题：你知道为什么周围同事投来责备的目光？

2. 案例分析 2

小杨正在整理文件，突然电话铃声响了，小杨停止手上的工作，拿出便条纸，等铃声响第四遍后拿起电话：“您好！我是杨扬，请问您找谁？”

李主任：“您好。我是李小三，请帮陈总问问东浩公司王总明天有没有空去打高尔夫球。”

小杨拨电话，坐姿端正，面带微笑，右手拿着话筒，左手拉着电话线，电话通了后说：“是东浩公司王总吗？”

王总：“正是，请问有什么事？”

小杨："我是冠邦公司杨扬，我们陈总明天上午 9：00 到绿茵球场打高尔夫，请问您去吗?"

王总看了下日程表说："上午正好有空，我很乐意去。"

小杨："到时陈总会在绿茵球场等候您的光临，别让陈总久等哦。再见!"

问题：请分析以上案例中小杨的电话礼仪是否正确，并说明为什么。

第四章 商务交往礼仪

第一节 会面礼仪

学习目标

- 掌握会面中握手礼仪的要求、顺序及相应的禁忌
- 掌握自我介绍、他人介绍、集体介绍的方法
- 掌握名片使用的礼节
- 了解界域的概念，掌握不同场合对界域的要求

一、握手礼仪

握手是很常用的一种礼节，在许多国家都使用，一般在见面、离别、祝贺、慰问等情况下使用。

1. 握手的要求

握手时，与对方保持0.5～1米的距离，面带微笑，双目注视对方，上身稍向前倾，两脚并立，伸出右手，4指并拢，虎口相交，拇指张开下滑，向受礼者握手。

握手的力度也要适当，过重过轻都不宜。与男士握手，用力可稍微重些；与女士握手，则用力要轻些，不可握满女士的整只手，只握手指部分即可。

握手的时间一般要控制在3～5秒。除了关系亲近的人可边握手边问候，甚至可以长久地握在一起外，一般用右手与对方的右手完全相握后，上下（而不是左右）晃动两三下即可。如果要表示自己的真诚和热烈，也可较长时间握手。握手时一忌两手一碰就分开，时间过短，显得像在走过场，或是对对方有戒备；二忌时间过久，特别是拉住异性或初次见面者的手长久不放，显得有些虚情假意。握手的正确手势如图4—1—1、图4—1—2所示。

图 4—1—1 与女士的正确握手手势

图 4—1—2 与男士的正确握手手势

2. 握手的顺序

要注意伸手的先后次序。一般情况下，长辈、上级、主人、女士先伸手，而作为晚辈、下级、客人、男士应该先问候再伸手相握。如果是主宾关系，来访时主人先伸手，以表示热烈欢迎并等候多时了；告辞时应由客人先伸手，以表示感谢并请主人留步，主人再伸手与之相握，才合乎礼仪。当贵宾或老人伸出手来时，应快步趋前，用双手握住对方的手，身体微微前倾，以表示尊敬。还可根据场合边握手边问候，说些表示热烈欢迎和热情致意的话。

3. 握手的禁忌

(1) 忌左手握手，尤其是忌用左手与阿拉伯人、印度人握手。

(2) 忌交叉式握手。在和基督教信徒交往时，要避免两人握手时与另外两人相握的手形成交叉状，这种形状类似十字架，在他们眼里这是很不吉利的。

(3) 忌戴着手套或墨镜握手。只有女士在社交场合才可戴着薄纱手套与人握手。

(4) 忌死鱼式的握手。即握手时，不与对方形成互动，只是将右手伸给对方，任对方摇动。

(5) 忌蜻蜓点水式的握手。即握手的时间过短，手一碰及对方就收回。

(6) 忌坐着握手。

(7) 忌用脏手或湿手握手。

(8) 忌拒绝与他人握手。即使因手疾、汗湿、手脏等原因不可与他人握手时，也要和对方说一下“对不起，我的手现在不方便”，以免造成不必要的误会。

(9) 忌握手时姿势不对。如握手时站立姿势不对，握手时面无表情、不置一词或长篇大论、点头哈腰，过分客套，一只手插在衣袋里或拿着东西，握手时只握对方的手指尖，握手时把对方的手拉过来、推过去，或者上下左右抖个没完等。

二、介绍礼仪

介绍是人际交往中与他人进行沟通、增进了解、建立联系的一种最基本、最常规的方式，是人与人进行相互沟通的出发点。在社交场合，如能正确地利用介绍，不仅可以扩大自己的交际圈，广交朋友，而且有助于自我展示、自我宣传，在交往中消除误会，减少麻烦。

1. **自我介绍**

自我介绍，一般指的是主动向他人介绍自己，也可应他人的请求而对自己的情况进行一定程度的介绍。其特点主要是单向性和不对称性。自我介绍主要有五种方式，具体见表 4—1—1。

表 4—1—1　自我介绍的具体方式

序号	方式	适用范围	构成	例句
1	应酬式	适用于某些公共场合和一般性的社交场合	只包括姓名一项	“你好，我叫王媛丽” “你好，我是王媛丽”
2	工作式	适用于工作场合	包括姓名、供职单位及其部门、职务或从事的具体工作等	你好，我叫王媛丽，是东浩公司的秘书
3	交流式	适用于社交活动中，希望与交往对象进一步交流与沟通	包括介绍者的姓名、工作、籍贯、学历、兴趣及与交往对象的某些熟人的关系等	你好，我叫王媛丽，在东浩公司上班。我是李敏的大学同学
4	礼仪式	适用于讲座、报告、演出、庆典、仪式等一些正规而隆重的场合	包括姓名、单位、职务等，同时还应加入适当的谦辞、敬辞	各位来宾，大家好！我叫王媛丽，是东浩公司的秘书。我代表本公司热烈欢迎大家的光临……
5	问答式	适用于应试、应聘和公务交往	有问必答，问什么就答什么	“先生，你好！请问您贵姓？” “免贵姓张”

2. **介绍他人**

介绍他人，通常指的是由某人为素不相识的双方相互介绍、引见。主要特点是双向性和对称性。被介绍双方态度都应谦和、友好、不卑不亢，切忌傲慢无礼或畏畏缩缩。在介绍他人时，应注意以下几个方面的礼仪问题。

图 4—1—3　介绍他人的姿势

（1）介绍他人的姿势

介绍手势是手掌向上，五指并拢，伸向被介绍者，不能用手指点对方。被介绍时，应起立、微笑或握手、点头（见图 4—1—3）。

（2）介绍他人的顺序

介绍他人时应遵循尊者有优先了解权的原则，要先介绍身份较低的一方，然后再介绍身份较高的一方。即先介绍主人，后介绍客人；先介绍职务低者，后介绍职务高者；先介绍男士，后介绍女士；先介绍晚辈，后介绍长辈；先介绍个人，后介绍集体。如果介绍对象双方的年龄、职务相当，异性就要遵从“女士优先”的原则，即把男士介绍给女士；对于同性，可以根据实际情况灵活掌握，比如把和自己熟悉的人介绍给和自己不熟悉的人；介绍多人时，可按职务的高低依次介绍，也可以从左到右或从右到左地介绍。

(3) 介绍他人时的表达方式

介绍他人相识时，介绍者既可以只介绍双方的姓名，也可以将双方的姓名、工作单位、所属部门、具体职务一并予以介绍。前者稍显随便，后者则比较正规。不论如何进行介绍，双方介绍的内容应基本对称，大体相似。切勿只介绍一方，而忘记介绍另一方；或者在介绍一方时非常详细，而在介绍另一方时则过于简单。

3. 集体介绍

集体介绍是他人介绍的一种特殊形式，是指介绍者在为他人介绍时，被介绍者其中一方或者双方不止一人，甚至是许多人。

集体介绍时的顺序如下：

(1) 将一人介绍给大家

在被介绍者双方地位、身份大致相似，或者难以确定时，应是一人礼让多数人，人数较少的一方礼让人数较多的一方。

(2) 将大家介绍给一人

若被介绍者在地位、身份之间存在明显差异，特别是当这些差异表现为年龄、性别、婚否、师生及职务时，地位、身份明显高者即使人数较少，甚至仅为一人，仍然应被置于尊贵的位置，先向其介绍人数多的一方，再介绍地位、身份高的一方。

(3) 人数较多的双方介绍

若需要介绍的一方人数不止一人，可采取笼统的方法进行介绍，如可以说：“这是我的家人”“她们都是我的同事”等。

(4) 人数较多的多方介绍

当被介绍者不止两方，而是多方时，应根据合乎礼仪的顺序，确定各方的尊卑，由尊至卑，按顺序介绍各方。

三、名片使用礼节

1. 适用场合

名片，是一个人身份、地位的象征，是一个人尊严、价值的一种外显方式，也是使用者要求社会认同、获得社会理解与尊重的一种方式。正因名片自身的重要价值，商务人员在递送、接收、保管名片的时候就应格外重视其礼仪效应，不可随便。

随身携带的名片应使用较精致的名片夹，在着西装时，名片夹只能放在左胸内侧的口袋里。靠近胸口，以示礼貌。不穿西装时，名片夹可放于自己随身携带的小手提包里。

2. 递交名片

在社交场合，名片是自我介绍的简便方式。交换名片的顺序一般是"先客后主，先低后高"。当与多人交换名片时，应依照职位高低的顺序或是由近及远，依次进行，切勿跳跃式进行，以免对方有厚此薄彼之感。如果自己这一方人较多，则让地位较高者先向对方递送名片。递送时应将名片正面面向对方，双手奉上。眼睛应注视对方，面带微笑，并大方地说："这是我的名片，请多多关照。"

当对方递给自己名片之后，如果自己没有名片或没带名片，应当首先对对方表示歉意，再如实说明理由。如"很抱歉，我没有名片""对不起，今天我带的名片用完了，过几天我会亲自寄一张给您的"。

3. 接受名片

接受他人名片时，应起身或欠身，面带微笑，恭敬地用双手的拇指和食指捏住名片的下方两角，并轻声说："谢谢！能得到您的名片十分荣幸！"如对方地位较高或有一定知名度，则可道一句"久仰大名"之类的赞美之词。接过名片后，应十分珍惜，并当着对方的面，用 30 秒以上的时间，仔细把对方的名片看一遍。随后当着对方的面郑重其事地将名片放入自己携带的名片盒或名片夹之中，千万不要随意乱放，以防污损。如果接过他人名片后一眼不看，或漫不经心地随手向口袋或手袋里一塞，是对人失敬的表现。倘若一次同许多人交换名片又都是初交，那么最好依照座次来交换，并记好对方的姓名，以防搞错（见图 4—1—4）。

图 4—1—4　接受名片

案例 4—1—1

20××年 4 月，新城举行春季商品交易会，各方厂家云集，企业家们济济一堂，A 公司的李总经理在交易会上听说 B 集团的崔董事长也来了，想利用这个机会认识这位素未谋面又久仰大名的商界名人。午餐会上他们终于见面了，李总彬彬有礼地走上前去说："崔董事长，您好，我是华新公司的总经理，我叫李明，这是我的名片。"说着，便从随身带的公文包里拿出名片，递给对方，崔董事长显然还沉浸在之前的谈话中，他顺手接过李明的名片，说了句："你好。"草草地看了看，便放在了一边的桌子上，李总在一旁等了一会儿，并未见崔董有交换名片的意思，便失望地走开了。

案例解析：李总与崔董事长第一次见面，但崔董事长在接到李总的名片时未能及时与李总交换名片，而且随意乱放，有失礼仪规范。

案例 4—1—2

某公司新建的办公大楼需要添置一系列办公家具，价值数百万元。公司的总经理已做了决定，向A公司购买这批办公家具。

这天，A公司的销售部负责人打电话来，要上门拜访这位总经理。总经理打算等对方来了，就在订单上盖章，定下这笔生意。

不料对方比预定来访的时间提前了2小时，原来A公司听说这家公司的员工宿舍也要在近期内落成，希望员工宿舍需要的家具也能向其购买。为了谈成这件事，销售部负责人因此提前来了，还带来了一大堆资料，摆满了台面。总经理没料到对方会提前到访，刚好手边又有事，便请秘书让对方等一会。没想到这位销售负责人等了不到半小时就开始不耐烦了，一边收拾资料一边说："我还是改天再来拜访吧。"

这时，总经理发现对方在收拾资料准备离开时，将自己刚才递上的名片不小心掉在了地上，对方却并没发觉，走时还无意从名片上踩了过去。但这个失误却令总经理改变了初衷，A公司不仅没有机会与对方商谈员工宿舍的设备购买事项，连几乎已经到手的数百万元办公家具的生意也告吹了。

案例解析：A公司销售部负责人的失误看似很小，其实是巨大且不可原谅的。名片在商务交际中是一个人的化身，是名片主人"自我的延伸"。弄丢了对方的名片已经是对他人的不尊重，更何况还踩上一脚，顿时让这位总经理产生反感。再加上对方没有按预约的时间到访，不曾提前通知，又没有等待的耐心和诚意，丢失了这笔生意也就不是偶然的了。

四、界域礼仪

1. 界域概念

界域即界限和领域，是指人们在交往时，特别是个体与个体、个体与群体、群体与群体交往时，因彼此的关系不同，周围的环境不同，而无形中感到彼此间应保持的一种特定的距离。

这种距离来源于对安全和生存需求的动物本能。动物为了保护自己的生命和安全，本能地要求拥有一定的自由空间，并视自己占有的"地盘"为势力范围。一旦这一范围遭到他人的侵犯，就必然全力以赴地把入侵者驱逐出去。文明世界的人类虽然已脱离了动物界频繁、赤裸裸的身体攻击，但人们依然需要一定的自由空间。在社会交往中，适当合理的距离会让人感觉舒适，而在商务交往中，合乎礼仪规范的界域礼貌不仅能让人感到愉悦，而且是很有修养的表现。

2. 位置界域

从广义上来说，在人际交往中，交谈者之间以空间距离传递的信息是有一定规范的，每个人在正式场合所处的位置距离就是位置界域。它是人际交往的一种特殊的体态语言，也称交往的空间距离。

每个人都需要占据一定的空间。在人际交往中，人们彼此间的位置也会构成各种不同的形式。交际的目的不同、场合不同，所采用的形式也就不同，据观察研究，把这些形式大致分为四种：封闭式、开放式、相向式、平行式。

（1）封闭式

这是个体或群体独处时所采取的形式，表示不愿受到他人的干扰。学生在校园里看书，会背对着有人走动的地方，面朝湖水、花草、树林等。两人密谈则都向内侧身。三人密谈时，两人则在两端向里侧身，把中间的人围在圈里，形成关闭。三人以上一般是面朝里围成一个圆圈。

（2）开放式

这是指交际双方大约形成 90°的位置。开放的意思有两个，一是与封闭相对，允许别人加入；二是指交谈者的心理开放，即双方的自我开放区域较大。这种形式比较适用于感情的交流或长时间交谈，会客、门诊多采用这种形式。开放式使双方不易产生沟通障碍，交流效果较好（见图 4—1—5）。

图 4—1—5 开放式

（3）相向式

这是指面对面的形式，表示竞争的意思，谈判时多选择相向式，同对方隔桌相望而坐，桌子自然成为防护屏障，造成竞争气氛，使双方更加坚定自己的立场观点，一般用于处理公事，如法庭、比赛下达命令等，如果领导要同下级谈事，就不会坐在办公桌后面，而要变化一下形式。所以，领导的办公室除了写字台以外，还要安放沙发、茶几，就是用来供领导选择的。如果领导要用非正式的方法来对待来访者，就会离开办公桌，同来访者一道坐在茶几旁的沙发上交谈；如果谈话是极为正式的，就会仍旧坐在办公桌后面。

（4）平行式

这是指肩并肩的形式，表示合作关系。一般是地位相等、目的相同的人使用。

3. 界域距离

一般情况下每个人都不想侵犯他人空间，同时也不愿意他人侵犯自己的空间。双方关系越亲密，人际距离就越短。

美国人类学家和心理学家霍尔将人类的交往空间划分为四种区域，这就是社交中的界域。

（1）亲密距离（0～45 厘米）

亲密距离又称亲密空间。只有关系亲密的人才可能进入这一空间。如夫妻、父母、子女、恋人、亲友等（见图 4—1—6）。

图 4—1—6 亲密距离

（2）个人距离（46～120 厘米）

这一距离在社交场合往往适合于简要会晤、谈心或握手等。这是个人在远距离接触时所保持的距离，不能直接进行身体接触。

个人距离的接近状态为 46～75 厘米，可与亲友亲切握手、友好交谈。这一距离在酒会的人际交往中也比较常见，它可以使双方有一种亲切感。个人距离的疏远状态为 76～120 厘米，在交际场所任何朋友、熟人都可自由进入这一区间。

(3) 社交空间（120～360 厘米）

这个距离已超出了亲友和熟人的范畴，是一种较正式的社交关系距离。

社交距离的接近状态为 120～210 厘米，它适合于社交活动和办公环境中处理业务等。在一般的社交聚会上、陌生人之间、客户之间商谈事务时也应采取这一距离。社交距离的疏远状态为 210～360 厘米，它适用于比较正式、庄重、严肃的社交活动，如谈判、会见客人等。

(4) 公共距离（360 厘米以上）

这是人们在较大的公共场所保持的距离。它适用于大型报告会、演讲会、迎接旅客等场合。

以上四种社交界域距离除亲密距离外，其他三种都可供商务人士选择。如果能够意会界域距离的重要性，并在工作中用好它，那么一定可以进退如仪。

案例 4—1—3

张琦和文静是同一家公司的职员，关系一直不错。文静升任财务总监之后，从集体办公室换到了一间较大的独立办公室。第一次汇报工作时，张琦进入文静的办公室，还想像往常一样坐在文静的旁边。可是她看到在宽大的老板桌后面正襟危坐的文静时，心里很不适应。当文静请她在一米开外的椅子上坐下时，她立刻感到了工作环境及上下级间特有的严肃氛围，于是马上进入了状态。她自然地向文静道贺，并简短扼要地汇报了自己的工作情况，然后就很有礼貌地退出了文静的办公室。

案例解析：案例中的两人都是很懂界域礼貌的人。文静善于用界域距离拉开与张琦的距离，用这种方式非常委婉地告诉她两人之间等级的变化，有利于两人以后在工作中的沟通。而张琦也非常识趣地保持了这种界域礼貌，并拉开了两人的距离。

所以在不同的场合、面对不同身份的人时，应当思考如何保持的界域距离，这样做既表明了对对方的尊重又有利于双方的沟通。

第二节　往来礼仪

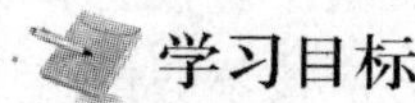

学习目标

- 掌握往来礼仪中的拜访礼仪
- 掌握往来礼仪中的接待礼仪

一、拜访礼仪

健康、正常的拜访活动在社交、公关活动中是必不可少的。拜访活动对于建立联系、交流信息、沟通情感、发展友情，有着其他活动不可替代的作用。

1. 提前预约

不论是因公还是因私拜访，都不能搞“突然袭击”，要事先用电话或信件与被访者进行预约，以便对方安排自己的日程。突然访问，容易给对方造成麻烦。不得已必须要突然拜访时，至少也应该在拜访前5分钟打个电话告知对方。预约除了要告知对方拜访的内容外，还要与对方约定拜访的具体时间、地点和人数。

（1）预约时间

约定拜访的时间包括约定到访的准确时间和拜访停留的时间长度。拜访时间应由双方协商议定，不要光考虑自己方便，应优先考虑被访者提出的具体时间。由自己提出具体时间时，最好给被访者多提供几种选择。一般情况下，被访者认为不方便或暗示工作极为忙碌的时间、难得一遇的节假日、凌晨与深夜、用餐时间和午休时间均不宜拜访。

案例 4—2—1

李燕刚刚来到英国留学，这一天，她接到一位同学的邀请，去参加她的生日宴会。李燕非常高兴，准备了礼物和鲜花，前去赴宴。考虑到外国人的时间观念都很强，李燕提前十五分钟就来到同学家门口，她觉得提前一点儿到可以表示对主人的尊敬。但是，按了门铃好久也没有人给她开门。她以为同学没有听到，就又一次按了门铃。又过了一会，门打开了，同学出现在门口，但是接过李燕送上礼物的同学显得不太高兴，她对李燕说：“你怎么这么早就到了？我还没有化好妆呢！”

案例解析：从国际礼仪规范来看，去私宅拜访则应准时到达，不能提早也不能推迟，最好能够在出发前与对方通电话确认一下，以防对方忘了与你的约定或临时发生变化，同时也可以给对方一个信息：我出发了。这样主人也有准备的时间。

（2）预约地点

拜访的地点可以是被访者的工作地点，也可以是其私人住所，事先也要经过双方议定，并以被访者的意见为准。通常情况下，应将拜访地点约定在工作场所，除非被访者特邀去其住所，否则不应自己要求到其住所拜访。

(3) 约定人数

约定拜访时应告诉被访者到访的具体人数及各自的姓名和身份，这既是对被访者的尊重，也是为了方便其做好接待准备，同时可以避免在己方同去的人员中有被访者不欢迎甚至反感的人。人数约定后，不宜随意变动和任意扩大，以免对方应接不暇或疏于准备。

2. 拜访前的准备

(1) 注意仪表

商务拜访前，应根据访问的对象、目的等，对着镜子将自己的衣物、容貌适当修饰，做到容貌洁净、衣帽端庄。蓬头垢面、衣冠不整的形象不但给人不愉快的感觉，也是对被访者不尊重的表现。如果拜访的地点定在被访者的办公区域，则应着职业装或拜访者所在单位的制服，因为拜访在很大意义上代表的是自己单位的形象，这样着装可以传递出“很重视这次拜访”的友好信息；而制服作为自己所在单位的公关识别系统的重要组成部分，能让被访者感受到自己所在单位的良好的企业文化，进而对所在单位留下良好的印象。

(2) 选定话题

都说“话不投机半句多”，拜访时有没有共同话题非常重要。拜访前要先做准备：了解被访者的经营状况和习性爱好，进而判断被访者对什么话题感兴趣，要明确自己要说什么，要表达什么样的思想等。也就是说在拜访前，一定要确定谈话的主题，想好说什么，怎样既表达自己的意思又迎合对方的兴趣，这样才能达到拜访目的和保证说话的思路清晰。

(3) 准备好礼物

无论是初次拜访还是再次拜访，都应准备适当礼物。礼物可以起到联络双方感情、缓和紧张气氛的作用。所以，在礼物的选择上还要下一番苦功夫。既然要送礼就要送到被访者的心坎里，了解被访者的兴趣、爱好及品位，有针对性地选择礼物，尽量让被访者感到满意。

3. 拜访中的礼仪

(1) 如约而至

拜访客户，应首先熟悉拜访所在地的交通路径，选好交通路线，以免因堵车或走错路耽误时间。一般到办公场所拜访要确保提前5～10分钟到达，去私宅拜访则应准时到达。最好是能够在出发前与对方通电话确认一下，以防对方忘了与你的约定或临时发生变化，扑了个空，同时也可以给对方一个信息：“我出发了”。如因故不能及时到达或必须取消拜访，应尽早通知对方，并讲明原因，切勿让对方空等。作为拜访者，无故迟到或失约都是极不礼貌的。如果另约了下次见面，在下次见面时最好再次致歉。

(2) 通报后进入

到达约会地点后，如果没有直接见到被访者，拜访者不得擅自闯入，必须经过通报后再进入。一般情况下，前往大型企业拜访，首先要向负责接待人员交代自己的基本情况，待对方安排好以后，再与被访者见面。

（3）举止大方有礼

见面后，打招呼是必不可少的。如果双方是初次见面，拜访者必须主动向被访者致意，简单地做自我介绍，然后热情大方地与被访者行握手之礼。如果双方已经不是初次见面了，主动问好致意也是必要的，这样可显示出诚意。见面行礼后，在被访者的引导之下，进入指定房间，待被访者落座以后，自己再坐在指定的座位上。

（4）谈话简要，注意时间

谈话切忌啰唆，简单的寒暄是必要的，但时间不宜过长。因为被访者可能有很多重要的工作等待处理，没有很多时间接见来访者，这就要求谈话要开门见山，简单的寒暄后直接进入正题。

在商务拜访过程中，时间为第一要素，拜访时间不宜拖得太长，否则会影响被访者其他工作的安排。如果双方在拜访前已经设定了拜访时间，则必须把握好已规定的时间，如果没有对时间问题做具体要求，那么就要在最短的时间里讲清所有问题，然后起身离开，以免耽误被访者处理其他事务。

4. 拜访结束礼仪

拜访结束，起身告辞时，要感谢被访者的接待，主动伸手与被访者握别。被访者如要相送，应礼貌地请其留步，不可听任被访者远送或长时间与被访者在门口“依依惜别”。

二、接待礼仪

1. 确定接待规格

接待规格主要有以下三种。

（1）高规格接待

即主要陪同人员的职位比来访者的最高职位高的接待。如上级领导派工作人员来了解情况、传达意见，兄弟企业派人来商量要事等，需高规格接待。

（2）对等接待

即主要陪同人员与来访者的职位同等的接待。这是最常用的接待规格。

（3）低规格接待

即主要陪同人员的职位比来访者的最高职位低的接待。如上级领导或主管部门领导到基层视察，只能低规格接待。

接待规格是以主方主要陪同人员的最高职位为基准，与来访者最高职位进行比较。接待规格过高，影响领导的正常工作；接待规格过低，影响上下左右的关系。所以，确定接待规格时应慎重全面地考虑。

2. 做好接待准备

(1) 做好接待计划

接待计划的内容应包括接待方针、接待规格、接待形式、接待日程、接待经费、膳宿安排、交通工具、接待人员等几项内容。

(2) 布置和保持接待室环境

仅三两个来访者前来的普通接待工作可以在办公室进行，如果来访者较多或规格较高，来访的目的又比较严肃，应该在专门的会议室或会客室接待。不管是在办公室还是在会客室接待，都必须认真布置，随时保持优雅、整洁、舒适。具体要求是窗几明净、桌椅整洁、东西齐整、空气清新、冬温夏凉、茶水充足。

(3) 准备好相关材料和用品

来访者来访前的准备工作除了接待场所的精心布置外，还有一项重要任务就是材料和用品的准备。

来访者来访的目的一般早已提前告知，应根据双方商定的会谈事宜或来访者的请求，让有关人员早做准备，以免来访者来后现找现查或无法表态，让己方陷入被动，还给人办事马虎、拖沓、无效率之感。

根据接待的规格、形式和实际需求，适当备些水果、饮料、点心等，如果预计可能会需要来访者等待几分钟，可以准备一些报纸、杂志等供来访者等待时翻看。

(4) 准备好交通工具

接待来访者时，若需要用到车辆，应提前安排好。至于安排什么样的车，应视来访者身份和人数而定，三人以内一般应安排五座商务轿车。

3. 得体迎候

一般情况下，接待规格和接待对象不同，迎宾的地点也会不同。来访者到访时，迎宾地点通常有四种选择：一是交通工具停靠站，包括港口、火车站、汽车站、飞机场等，适合正式的、重要的接待活动和接待重要来访者及初次来访者；二是来访者临时下榻之处，适合于重要异地来访者的接待；三是接待方用于迎宾的常规场所，如广场、大厅等，适合大型活动时一般来访者的接待；四是接待方的办公地点，如办公大楼门外和办公室，适合迎候本地来访者。

4. 正确引导

(1) 要明确告诉来访者将去什么地方、会见何人，如“程经理正在等您，我带您去会客厅，在三楼，我们先乘电梯”。

(2) 要走在来访者左前侧 1～1.5 米，与来访者步伐一致。在出门、转弯、上下楼梯时，都要用手指示或提醒，如“请小心，楼梯比较滑”。

(3) 应边走边回头和来访者聊几句，以消除来访者的陌生感和紧张，如“今天外边天气还好吧”“我们公司还好找吧”等。

5. 热情服务

在接待来访者时，都希望来访者能乘兴而来，满意而归。为达到这一目的，在接待过程中一定要遵循平等、热情、礼貌、友善的原则，不论单位大小、级别高低，不论朋友远近、地位异同，在接待服务时都应一视同仁、以礼相待、热情友善。

6. 礼貌送行

一般情况之下，来访者的告辞须由客方首先提出。主人首先提出送客，或是以自己的动作、表情暗示厌客之意，都是极其不礼貌的。来访者告辞时，主方主要接待人员要谦恭有礼地送行。一般送别讲究从哪里接的来访者就送到哪里，也就是说来访者乘飞机、轮船、火车前来的，若仍需乘这些交通工具回去，接待人员应将来访者送到机场、港口或火车站。若需公司派车送客，应早做车辆安排，切勿让来访者久等，上下车时还应帮对方打开车门。若来访者是自己开车来的，应送到公司大门口。若来访者行李较多，应帮助其将行李拿到车上。车开动时挥手致意，目送来访者至车远离。对于本地来访者，还可以视实际情况将来访者送至电梯口或办公大楼门口。不管送到哪里，送别时都应说些客气话，如“欢迎再来”“欢迎常联系”“接待不周，请多原谅”等，行走时应走在后面。

案例 4—2—2

小郑刚参加工作不久，公司举办了一次大型的产品发布会，邀请国内很多知名企业人士参加。小郑被安排在接待工作岗位上。接待当天，小郑早早来到机场，当等到来参加发布会的人时，他便开口说：“您好！是来参加发布会的吗？请告诉我您的单位及姓名，以便我们安排好就餐与住宿问题。”小郑有条不紊地做好了记录。后来在会场，小郑帮客人引路，一直小心翼翼，虽然自己一向走路很快，但是他放慢步伐，很注意与客人的距离不能太远，一路带着客人。电梯上下，小郑也是走在前面，做好带路工作。原本心想很简单的事情，小郑却几次被上司批评。

案例解析：在迎接礼仪中，小郑与客人的职位和身份并不相当，他应主动向客人做出礼貌的解释。而小郑没有做出任何解释，容易引起客人误会。接到客人后要主动打招呼，握手表示欢迎，同时说些寒暄辞令、礼貌用语等，而小郑没有事先了解要接待客人的相关信息，张口就问，十分不礼貌。在引导客人时，应主动配合客人步伐，保持一定距离。在出电梯时，应改为客人先走出电梯，自己在后面，以保证客人安全，而小郑出电梯时，自己走在前面也是不恰当的。

第三节 馈赠礼仪

学习目标

- 掌握礼品选择的方法
- 掌握商务赠礼的基本礼仪
- 掌握商务收礼的基本礼仪
- 掌握商务拒礼的基本礼仪

馈赠是人们以物的形式向交往对象表示祝贺、感激、慰问、惜别之情，是一种正常的人际交往。在商务交往中，相互馈赠是表示友好和敬意的一种重要方式，因此需要掌握一些必要的馈赠礼仪，以便妥善地安排好各种馈赠活动。

一、礼品的选择礼仪

礼品的选择是一门艺术，选择礼品时，要看对象、看关系、看场合、看目的。既要价格适当，又要符合收礼人的口味，还不能让收礼人感到为难。

1. 礼品选择的原则

商务交往中，选择礼品时应遵循以下的原则。

(1) 纪念性

通常情况下，礼品的贵贱厚薄，往往是衡量赠礼者诚意和情感程度的重要标志。但礼物是言情、寄意、表礼的，礼品中包含着赠送者的情感。因此馈赠礼品时，无须过分强调价值、价格，应要突出礼品的纪念意义，通过礼品使对方记住自己，记住自己的单位、产品和服务，使双方友善和睦交往。

(2) 实用性

尽管礼品的实用性不是其第一属性，但若礼品具有一定的实用性，成为人们日常生活、工作中不可或缺的一部分，就会让人们经常记起赠礼人，更具有纪念意义。因此送礼人应细心观察收礼人的实际需要与心理需要，根据其经济状况、文化程度，有针对性地选择礼品。

(3) 独特性

礼品应具有独特性，不可千篇一律。要做到人无我有、人有我优，否则易让人产生敷衍了事之感。

(4) 时尚性

在商务交往中选择礼品时，应注意时尚性，不能太落伍，否则会适得其反。

（5）便携性

商务交往的礼品要注意其便携性，尤其是给来自异地的客人的礼品，应以不易碎、不笨重、便于携带为标准，否则会为对方平添烦恼。

（6）投其所好

可以通过仔细观察或打听了解收礼人的兴趣爱好，根据年龄、爱好、文化素养、家庭环境有针对性地精心挑选合适的礼品，做到有的放矢、投其所好。

（7）规避禁忌

商界人士在馈赠礼品时，馈赠前一定要了解收礼人的地方风俗、民族禁忌和个人禁忌，免得送礼触犯了其禁忌。

案例 4—3—1

一位女士，在伦敦留学，曾在一家公司打工。女老板对她很好，在很短时间内给她加了几次薪。

一日，老板生病住院，这位女士打算去医院看望病人，于是她在花店买了一束红玫瑰花，在半路上，她突然觉得这束花的色彩有点儿单调，而且看上去俗气，就又去买了十几枝黄玫瑰，并且与原来的红玫瑰花插在了一起，自己感到很满意，走进了病房。结果，老板见到她的时候先是高兴，转而大怒。

案例解析：老板生病，通过赠花表达自己的感情和心愿时，一定要符合情景。红玫瑰代表了爱情，黄玫瑰代表道歉的意思，显然不符合探望病人的情景。应该送兰花、水仙、马蹄莲等，有利病人怡情养性，早日康复。

知识链接　　**送礼的常规禁忌**

•数量上，好双忌单，但因“4”与“死”谐音，因此忌以“4”为尾数的双数。

•颜色上喜红忌白与黑。

•给老人不送“钟”，给新婚夫妻不送“梨”、不送“伞”，因为“钟”与“终”、“梨”与“离”、“伞”与“散”谐音。

2. 宜送的礼品

（1）鲜花

鲜花是一种高雅的礼品，通过赠花可以表达自己的感情和心愿，除了通常隐含着某种浪漫关系的玫瑰花之外，其他的鲜花均可作为礼品赠送，用以表达送花者的问候、祝贺、慰问和感谢之意。使用鲜花作为礼物时，应注意各类花的花语。

知识链接 **花语**

• 给老人祝寿，宜送长寿花或万年青，长寿花象征着“健康长寿”，万年青象征着“永葆青春”。

• 节日期间看望亲朋，宜送吉祥草，象征“幸福吉祥”。

• 拜访德高望重的老者，宜送兰花，兰花象征“品质高洁”，又有“花中君子”的美称。

• 新店开张、公司开业，宜送月季、紫薇等，这类花花期长，花朵繁茂，象征“兴旺发达，财源茂盛”。

• 朋友远行，宜送芍药，芍药不仅花朵鲜艳，而且象征“难舍难分”。

• 春节宜送新颖别致的小盆花，如报春花、富贵菊、仙客来、荷包花、紫罗兰、花毛茛、报岁兰等。

• 乔迁宜送巴西铁、鹅掌叶、绿萝柱、彩叶芋等观叶植物或盆景。

• 祝贺结婚时除用百合、郁金香、香雪兰、扶郎花外，还可添加剑兰、大丽花、风信子、舞女兰、石斛兰、卡特兰、大花慧兰等。

• 看望病人宜送兰花、水仙、马蹄莲等，或选用病人平时喜欢的品种，有利病人怡情养性，早日康复。给病人送花有很多禁忌，探望病人时不要送整盆的花，以免病人误会为久病成根；香味很浓的花对手术后的病人不利，易引起咳嗽；颜色太浓艳的花会刺激病人的神经，激发烦躁情绪；山茶花容易落蕾，被认为不吉利。

（2）食品

商务人士在馈赠礼品时，食品是一种很好的礼物，收礼人可以与家人或同事一起分享。常见的食物礼品有虫草、花旗参、燕窝之类的健康类食品，洋酒，茶叶及类似糖果、巧克力、蛋糕、优质咖啡、新鲜水果、坚果等其他类食品。

（3）实用礼品

实用礼品的选择以体现收礼人的爱好和兴趣为准，选择适合私人使用的礼品，也可以以有益于收礼人职业的实用品为选择准则。如袖珍日历、相框、套笔、名片盒、办公文具盒、开信的工具、商业杂志或商务书籍等。

（4）促销礼品

促销礼品是企业联络与消费者的感情，赢得其忠诚度和认知度的物品，为反映企业的形象，促销的礼品不仅要印有企业或产品的标示语，还应做得精致些。较常见的促销礼品有钥匙圈、磁带或光盘、广告衫、领带夹、茶具、包、围巾、手表、挂历、梳妆用品、日记本、雨伞、计算器等。

3. 忌送的礼品

根据常识和社交知识，下列物品是收礼人难以接受的，不宜作为礼品赠送。

（1）违法物品

例如，涉及国家和商业机密、涉黄和涉毒的物品等不宜送。

(2) 坏俗和私忌物品

有违收礼人民族习俗、宗教信仰和生活习惯的物品不能送，否则有不尊重收礼人之嫌。

(3) 有害物品

这些东西虽不为法律所禁止，但对人们学习、生活工作和身体健康有害无益，如香烟、烈酒，低级庸俗的书刊、音像制品等，均不宜作为礼品赠送。

(4) 废弃物品

废弃物品、粗制滥造的物品或过季的商品不能送，否则有愚弄收礼人、滥竽充数之嫌。

(5) 广告物品

把带有广告标志或广告语的物品送人，不仅达不到馈赠的目的，而且会让收礼人觉得是在做免费宣传。

(6) 大额现金和有价证券

不能送大额现金和有价证券，否则就有收买收礼人之嫌，与此同时还要注意，金银珠宝也不适合送。

(7) 药品与营养品

不能送给收礼人药品或营养品，否则有暗示收礼人身体欠佳之嫌。

二、商务赠礼礼仪

选择一件满意、合适的礼品，只是赠礼的开始环节，如何把礼品合乎礼仪地赠送给收礼人，才是整个赠礼行为获得成功的重要环节。

1. 赠礼的时机

(1) 选择最佳时机

一是选择重大节日，如春节、中秋节、圣诞节等国内外传统节日馈赠礼物；二是选择与收礼人有关的特殊日子馈赠礼物，如与收礼人商务相关的特殊日，或与收礼人家庭相关的特殊日，前者如收礼人的晋升、获奖、公司的成立等；后者如收礼人的生日、婚礼等。

(2) 选择具体时间

一般而言，当作为客人拜访他人时，最好在双方见面之初向对方送上礼品，而当作为主人接待来访者之时，则应该在来访者离去的前夜或者举行告别宴会上，把礼品赠给对方。

(3) 控制送礼的频度

赠送礼品过频过繁或间隔过长均不合适，应根据具体情况适当控制送礼的间隔时间。

2. 赠礼的地点

考虑赠送礼品的具体地点时要注意公私有别，一般而论，公务交往中所赠送的礼品应该在公务场合赠送，比如在办公室、写字楼、会见厅等。商务交往之外或私人交往中赠送的礼品，则应在私人居所赠送，而不宜在公共场合赠送。

3. 赠礼的方式

(1) 亲自赠送

亲自赠送是最常见也是最友好的赠礼方式。赠送时，既可当面祝福或问候收礼人，又可畅叙情意、介绍礼品的寓意，充分发挥赠礼的作用。

(2) 邮寄赠送

邮寄赠送礼品时，一般都应随附一份礼笺，写明赠礼缘由、祝福的话语并署名。

(3) 托人赠送

当送礼人无法或不宜当面赠送礼品时，可委托第三者将礼品当面赠送给收礼人，并转达其对收礼人的问候。托人赠礼时，最好随附由赠礼者亲笔书写的贺卡和礼单，以表诚意，不可在礼物中夹放名片。

4. 赠礼礼节

(1) 精心包装

礼品没有包装会被理解为随意应付收礼人，起不到赠礼的作用，为此送给他人的礼品，尤其是在正式场合赠送的礼品，应认真地进行包装，礼品包装的具体要求如下。

1) 礼品即使本身装在盒子中，也要包装后才能赠送。

2) 包装礼品时尽量选择优质材料。可用彩色花纹纸包装，用彩色缎带捆扎好，并系成好看的结。

3) 在礼品包装纸的颜色、图案、包装后的形状、缎带的颜色、结法等方面，要注意尊重收礼人的文化背景、风俗习惯和禁忌。

(2) 举止得体

赠礼时要做到以下几点：

1) 赠礼时应面带微笑，目视对方，双手递出礼品。切记商务交往中不可用单手递交礼品，尤其是对有宗教信仰的收礼人，用一只手（尤其是用左手）递交礼品是极不礼貌的行为。

2) 当面赠送礼品后，赠礼者应主动与收礼人握手。

3) 赠礼时不可偷偷摸摸、手足无措或悄悄乱塞、乱放礼品。

(3) 赠礼顺序

赠送礼品时应遵循“尊者优先”的原则，若同时向多人赠送礼品，应先长辈后晚辈、先女士后男士、先上司后下属，按照次序，有条不紊地进行。

(4) 应适当说明

为了更好地加深收礼人对礼品的印象，在商务交往中，当赠礼者将礼品赠送给收礼人时，应对礼品的含义、具体用途及与众不同之处作必要的说明。

（5）应由在场地位最高者出面

为了让收礼人产生受重视之感，赠送礼品时，应该由本单位主要领导人出面赠送礼品，或由本单位、本部门在场之人中身份地位最高者亲自出面赠送礼品，这样哪怕礼物轻也显得情义重。

三、商务收礼礼仪

1. 态度大方

如果准备接受别人的礼品，就没有必要再三推辞、心口不一；如果再三推辞、心口不一，反而让对方觉得自己不诚恳，给对方留下不好的印象。

2. 举止得体

接受礼物时，应终止手中的工作，起身站立，面向对方，双手捧接，不要用一只手特别是不要用左手去接礼品。

3. 拆启包装

接受礼品时如果条件允许，应该当面拆启礼品的包装，还可请送礼人介绍礼品的功能、特征和使用方法，以示对礼品的喜爱和接受。

4. 欣赏礼品

接受别人的礼品之后不仅要打开看一看，而且要赞美礼品的精致、优雅和实用，夸奖送礼者的周到和细致，否则别人的热情就会有被冷漠拒绝之嫌。

5. 表示谢意

接受礼品时，如果对方提供礼单，则应立即从头到尾细读一遍，除了口头表达感谢之外，事后还需要打电话、发 e-mail 或写感谢信专程再次向对方道谢。

四、商务拒礼礼仪

在商务交往中，拒绝收礼一般是不允许的，最好是表示谢意并接受礼物。若因故拒绝，态度应委婉而坚决。拒绝礼物的方法通常有以下几种。

1. 开宗明义，直接说明回绝的原因

说明拒绝的原因，比如身份不允许、单位规定不允许等，否则不分青红皂白一概拒绝是没有道理的。

2. 委婉拒绝

（1）拒收他人赠送的礼物，最好选择当面谢绝他人赠送的礼物，不要收下后再找机会退回。

（2）即便拒绝了对方的礼物，也要感谢对方的好意。

（3）需要拒绝别人的礼物时，态度要友善，无论如何不能对对方加以谴责、质疑、质问或谩骂。

3. 先收后退

如果当着很多人的面拒绝别人的礼物，无疑会让对方觉得更难堪，为此也可暂时先收下再找机会退还，退还礼品一定要及时，最好在 24 小时之内将礼品退还本人，另外退还时还要保证礼品的完整，不要拆封后再退还或者试用后再退还。

五、商务回礼礼仪

收到馈赠的礼品后，收礼人一般要回赠，从而加强联系、增进友谊，在回赠礼品时，应该注意以下几方面。

1. 注意回礼的时机

选择回礼的时机与赠送礼品的时机的要求大致一致，时间要长短适度，如果回礼过早容易让别人误以为是“等价交换”。如果拖延太久，等事情完全冷淡了再回礼效果也不好，但是，在一些特殊情况下则不受约束。如在节日庆典时期，可以在客人走时立即回礼，而在生日、婚庆、晋级升迁等时候接受的礼品，应在对方有类似的情形或适当时候再回礼。

2. 回赠礼品的技巧

(1) 回赠礼品时应选择得体的回礼形式，如果回礼的形式不当，会适得其反。

(2) 回赠的礼品切忌重复，一般要价值相当，也可以根据自己的情况而定，但也不必每礼必回。

(3) 因为一般人在选择礼物时，无意之间会选择自己喜欢的物品，因此，回赠礼品时，不妨参考一下对方馈赠的礼物，较易赢得对方的喜悦。

案例 4—3—2

国内某家旅行社有一次接待日本旅行团。在旅行结束之时，他们准备送每人一件小礼品。考虑到中国丝织品闻名于世，于是，该旅行社订购了一批苏州制作的纯丝手帕，在精致的木质盒子里放着四块手帕，每块手帕上分别绣着代表春、夏、秋、冬四季的图案，十分美观大方，旅行社想这样的礼品会受到客人的喜欢。

旅游接待人员带着盒装的纯丝手帕来到机场送行，为每位客人送上包装精美的手帕作为礼品。出乎意料的是，看到礼物的日本客人一片哗然，议论纷纷显出很不高兴的样子。他们有的人还特意拿出一条绣着荷花图案的手帕，表现得极为气愤。送行的旅游接待人员感到非常诧异，一向彬彬有礼的日本客人怎么会有这么激烈的反应呢？好心好意送人家礼物，不但得不到感谢，还出现这般景象。

案例解析： 首先，在日本，数字“4”的发音和“死”相同，故在赠送礼品时，切勿赠送数字为“4”的礼物，否则会产生误会、矛盾。而某些日本客人特意指着那条绣有荷花图案的手帕，是因为荷花在中国是出淤泥而不染的象征，但是在日本却是妖花。

在旅游接待与交际场合中，要了解并尊重外国人的风俗习惯，这样做既对他们表示尊重，也不失礼节。

第四节　宴请与赴宴礼仪

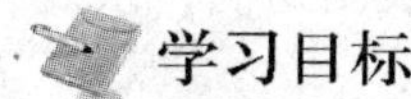

学习目标

- 掌握宴请的礼仪
- 掌握赴宴的礼仪

一、宴请的形式

1. 公务、商务宴会

公务、商务宴会是指有桌次、席次之分，客人围桌入座进食，由服务人员依次上菜的正餐。宴会是公关活动特别是我国的公关活动中最常见的宴请形式。宴会有午宴、晚宴之别。

2. 家宴

家宴即在家中设宴招待客人，是便宴的一种形式。西方人士喜欢采用这种方法，以示亲切友好。家宴往往由主妇亲自下厨烹调，家人共同招待客人，显得亲切、自然。

3. 便餐

便餐不属于正式宴会，比较亲切、随便，更适合日常友好的交往。形式简便，偏重于人际交往，而不注重规模、档次，可不排座次，不作正式讲话致辞，菜肴的道数也可酌减。

4. 工作进餐

工作进餐是利用进餐的时间和形式，边吃边谈工作。按用餐时间可分为工作早餐、工作午餐和工作晚餐。此类活动不请配偶和与工作无关的人员参加。一般不排座次，大家边吃边谈，不必过于拘束。

5. 自助餐

自助餐可在室内或院子里、花园里举行，参加者可坐可立，并可自由活动，是一种非常流行、灵活、方便的宴请方式。一般在中午12时至下午2时、下午5时至7时左右举办。菜肴以冷食为主，也可以用热菜，连同餐具陈设在桌子上。客人不排座次，可以按食品类别顺序多次取食。酒水陈放在桌子上，供客人自取，也可由服务人员端送。食品、饮料应按量取食，不可浪费。

6. 鸡尾酒会

鸡尾酒会适用于各种节日、庆典、仪式及招待性演出前后。所谓鸡尾酒，实际上是一种混合酒，其配方据说至今已有2 000多种。有的配方还是秘方，有独特的味道。

酒会的形式活泼，不设座椅，以便客人随意走动，自由交往。酒会以酒水为主，略备小吃、果汁，不用或少用烈酒。食品多为三明治、小香肠、炸春卷等，不设刀叉，以牙签取食。食品和酒水由服务人员用托盘端送，或部分放置在小桌上由客人自己取。举办的时间较为灵活，上午、下午、晚上均可。客人到达和退席时间不受限制。近年国际上举办大型活动采用酒会的形式渐趋普遍，庆祝各种节日，欢迎代表团访问，以及各种开幕、闭幕典礼，文艺、体育招待演出前后往往举行酒会。

7. 茶会

茶会是一种更为简单的招待方式，通常安排在下午 4 时或上午 10 时左右在客厅举行，内设茶几、座椅。会上备有茶、点心和地方风味小吃，请客人一边品尝，一边交谈。茶会对茶叶的品种、沏茶的用水和水温及茶具都颇有讲究。茶具要选用陶瓷器皿，不要用玻璃杯，也不要用热水瓶代替茶壶。欧洲人一般用红茶，日本人喜欢乌龙茶，美国人用袋茶。外国人参加的茶会还可以准备咖啡和冷饮。

二、宴请的礼仪

1. 宴请准备

（1）确定宴会的目的与形式

明确宴会的目的；根据目的决定宴请的对象，列出邀请客人的名单；根据宴请的目的与宴请的对象，确定宴请的形式。

（2）确定宴请的时间和地点

根据宴请的目的和主宾的情况，确定宴会的时间和地点。

确定宴会的时间时，应注意的问题有：一是宴会时间不应与宾客工作、生活安排发生冲突，通常安排在 18:00—20:00。二是宴请的时间，应遵循主随客便的原则，尽量避开对方的工作繁忙时间、对方国内重要节假日和对方的禁忌日。

落实宴请地点时，应注意的问题有：一是根据客人人数确定宴请地点，宴会的场所必须能容纳所有的赴宴者。二是根据宴请类型确定宴请地点，大型宴会通常可以安排在饭店、宾馆的宴会厅里，而冷餐会、酒会可以安排在大厅或花园里。三是用餐环境需优雅、卫生，如果用餐环境档次过低，环境不好，过脏、过乱，即使菜肴再有特色，宴请效果也会大打折扣。四是用餐地点的可进入性要强，宴请地点要具有方便的交通，应有一定规模的停车场，以方便用餐者乘车和停车。

（3）确定宴会规格

宴会规格是宴会礼仪的重要体现，规格过低，会显得失礼；规格过高，则无必要。宴请者应根据宴会出席者的最高身份、人数、目的及自身情况来确定宴会的规格。

（4）确定菜单

菜单是体现宴会规格与档次的重要载体，确定菜单的基本原则是：人少，菜要少而精；人多，菜要精而全。确定菜单时，应注意以下几个礼仪问题。

1）确定菜单时，应注意客人的饮食习惯、禁忌，合理搭配。

2）必须量力而行，不铺张浪费。

3）在隆重而正式的宴会上，主人选定的菜单也可以在精心书写后，每人一份，让用餐者不但餐前心中有数，餐后也可以留作纪念。

4）如果宴请女士，最好少点凤爪、鸭头之类的菜，以免女士啃骨头不雅观，不吃又不礼貌。

（5）安排桌次和座次

正规的宴请应安排桌次，将被宴请者安排在不同的桌次和座次中，体现出宴请者对他们的礼遇规格（具体内容在本章第五节中讲解）。

2. 邀请礼仪

邀请方应精心制作请柬，认真发送并及时确认。

制发请柬是主人十分正规而有礼貌的一种邀请方式。从礼仪的角度来说，除工作进餐可现场告知外，其他比较正式的各种宴请都应制发请柬。大型宴请可以单位名义发邀请，也可以个人名义发邀请；小型宴会可以个人名义或夫妇名义发邀请；工作餐可以单位名义发邀请。请柬的制发一般要尽量早一点，需提前1～2周，以便让被邀请的宾客有充分的时间对自己的日程进行安排和调整。

3. 宴请过程中的礼仪

（1）迎客

当宴请时间将至，主人应在门口迎接客人；必要时还可安排几个主要人员陪同迎接。当宾主握手之后，客人交由工作人员陪同至休息厅休息。如无休息厅，则可将客人直接引入餐厅，但暂不入座，等待主宾。主宾到达后，由主人陪同进入休息厅与其他客人见面，然后进入宴会厅，宴会即可开始。

（2）开席

宴会开始后，主人向客人斟酒时，应走到客人右侧，除啤酒外，酒瓶瓶口不应接触杯沿，酒杯也不应提起。斟入酒的多少应根据酒的种类酌定，一般斟入3/4杯即可，不要超过4/5。宴席的上菜应按顺序进行，中餐一般是先上冷盘，后上热菜，再上汤菜，最后上甜食、水果。

主人在宴会期间如果需要致辞，一般应在大家刚入席或在热菜之后、甜食之前进行，致辞应力求简短，这样才能给大家留下好的印象，才会受到欢迎；在宴会上长篇大论或高谈阔论是不明智的，也是一种失礼的表现。

（3）送客

宴会结束，应将客人送出宴会厅，或安排别的休闲活动，或向客人送别。

案例4—4—1

C城市接待了一位外商。这位外商是美国人，他来这座城市是进行投资考察的。考察进行得比较顺利，双方达成了初步的合作意向。这天接待方设宴款待这位外商，宴会的菜肴很丰盛，主客双方交谈得比较愉快。这时席间上来了一道特色菜，为表示接待方的热情，一位接待方领导便为这位外商夹了一筷子菜放到他的碟子里。这位外商当即露出不悦神色，也不再继续用餐，双方都很尴尬。

案例解析：在国际礼仪规范中，不能随便用自己的餐具为别人夹菜，这样不卫生。显然接待方领导的做法不符合礼仪规范。

三、赴宴礼仪

赴宴礼仪是指参加宴会的人员在赴宴过程中所表现的良好形象和规范的行为。宴会的效果不仅取决于主办者对宴会安排的周密细致程度，也取决于参加宴会者的礼仪修养。

1. 赴宴准备

(1) 应邀

接到邀请后，不论能否赴约，都应尽早做出答复。不能应邀的，要婉言谢绝；接受邀请的，不要随意变动，按时出席，确有意外不能前去的，要提前解释，并表示歉意。作为主宾不能如约赴宴的，更应郑重其事，甚至登门解释、致歉。

(2) 按时赴宴

赴宴要遵守约定的时间，既不要太早，显得急于进餐，也不能迟到。最好事先探询一下，可依据请柬注明的时间，稍微提前一点。如果你与主人关系密切，则不妨早点到达，以帮助主人招待客人，或做些准备工作。

(3) 仪表整洁

一是赴宴时一定要注意着装得体。正式宴会不宜着便装、休闲装、运动装。通常男士应着深色西装，配白色或浅色衬衣，系领带、领结或领花，穿擦拭干净的黑皮鞋；女士应穿礼服，一般长袖礼服配短手套，短袖礼服则配长手套，礼服应与高跟鞋搭配。二是出席宴会前，一般应梳洗打扮，女士要化妆，男士应梳理头发并剃须。

2. 礼貌入席

抵达宴会活动地点，先到衣帽间脱下大衣和帽子，然后前往迎宾处，主动向主人问候。如果是庆祝活动应表示祝贺，对在场其他人均应点头示意，互致问候。

应邀出席宴会活动，应听从主人安排，进入宴会厅之前，先了解自己的桌次和座位。入座时，注意桌上座位卡是否写有自己的名字，不可随意入座。如邻座是长者或女士，应主动帮助他们先坐下，入座后坐姿要端正，不可用手托腮或将双臂肘放在桌上，坐时应把双脚踏在本人座位以下，不可随意伸出，影响他人，不可玩弄桌上的酒杯、盘碗、刀叉、筷子等餐具，不要用餐巾纸擦餐具，以免使人认为餐具不洁。

在社交场合，无论天气如何炎热，不可当众解开纽扣，脱下衣服。小型便宴时，若主人请宾客宽衣，男士可脱下外衣搭在椅背上。

3. 交谈有礼

无论是作为主人、陪客还是客人都应与同桌人交谈，特别是左邻右座，不可只与几位熟人或一两人交谈，若不相识，可自我介绍，谈话要掌握时机，要视交谈对象而定，不可只顾自己一个人夸夸其谈，或谈些荒诞离奇的事而引人不悦。

4. 文雅用餐

（1）请别人帮忙传递东西时，一定要记住经常说“请”和“谢谢”。

（2）调味之前要先品尝。为准备一顿丰盛的饭菜而劳累了许久的厨师看到甚至没有品尝就把食物上撒满了番茄酱或盐一定会感到很伤心。

（3）不要一边进食一边用另一条手臂环住盘子。如果嘴里已有食物就不要再喝饮料或酒。当喝咖啡时可以吃一点吐司面包，但面包一定要小到不会让别人发现。最好的习惯是不吃任何东西。

（4）在正式宴会上，切忌用餐巾或餐巾纸擦拭餐具、酒具等物品，那是对主人的不信任、不尊重行为。在一些国外的高级酒店，假如擦拭餐具，服务人员就会将原来的餐具撤下，换一套新的，假如再擦，服务人员又会再换，这样没完没了，对双方都没有好处。应当相信，大型正式宴会的餐具都已经严格清洗和消毒。

（5）一次把食物切下一块或几块。切一块吃一块，之后再切另一块。

（6）女士出于对主人餐巾的考虑，不要在用餐之前涂太多的口红，而且在杯子或银器的边缘沾上口红也很不雅观。

（7）在拿起杯子时不要翘起手指。

（8）不要把勺子留在杯子里。不仅因为那样看上去不雅观，而且也可能导致意外。

（9）尽可能安静地吃。不要啜食、咂嘴，或在吞咽和咀嚼时弄出其他的噪声。用餐要文雅，吃的时候应闭嘴细嚼慢咽，不要发出咀嚼声和咂嘴的声音，或在吞咽和咀嚼时弄出其他的噪声。

（10）不要在谈话过程中挥舞着盛有食物的勺子或叉子。

（11）不要过多地向嘴里塞食物。吃相要文雅。

（12）进餐过程中吃到鱼刺、肉骨之类，可用餐巾或手掩口，用筷取出放在盘碟里，不可直接外吐。鱼刺、肉骨、果核、用过的牙签和餐巾纸等物，不能直接堆置在桌上，应搁在放残渣的盘碟内。

（13）如果席间不得不打喷嚏、咳嗽时，应转身用手捂住嘴鼻；并向邻座表示歉意。在用餐过程中，不宜在众人面前张嘴用牙签剔牙，实在需要时，应用一只手将嘴挡住再剔。

（14）在进中餐时，用餐前，服务人员一般要为每人送上一方热的湿毛巾，这是供进餐者擦拭嘴角和双手用的，不可以用于洗脸、擦脖子等，否则也是失态的。

（15）如果桌面上设有餐巾，当主人示意用餐开始时，方可将餐巾全部打开或打开到对折为止，平摊在自己的腿上。

（16）在宴会上喝饮料时，应先用餐巾擦一下嘴唇，然后再喝。不能在嘴里填满食物时喝酒，应先咽下食物，再拿起杯子来喝；同时最好将进酒量控制在自己酒量的三分之一，以免醉酒失态。

(17) 如果对方是尊者，应自觉在示意碰杯时将杯子举得比对方稍低一点。如果主人提议干杯时，大家应自觉起立。当主人要致辞时，应放下餐具，正坐聆听。

(18) 用餐过程中，如意外地将酒水、汤菜、果汁等溅到邻座的身上，应连声致歉，并谨慎地协助其擦干。如果邻座是异性，可将自己干净的手帕或餐巾递给对方，请其自己擦掉。

(19) 有人为自己夹菜时，一般不要拒绝；实在不要，可用手示意表示够了；千万不可将碗、碟用手捂住，或端起来藏于桌下、身后。

(20) 用餐过程中最好不要离席。如需离开时，应将餐巾放在座椅上，用餐完毕才可将餐巾放在桌面上。如果用餐途中需上厕所，一般不应直接说去上厕所或去洗手间之类的话，最好说“对不起，我得去打个电话，一会儿回来”或“对不起，事先与人约好，让我现在打个电话给他，失陪一会儿”，即使与邻座的人关系很好，也最好用含蓄一点的说法，以示文雅、礼貌。

案例 4—4—2

司马小姐至今都记得自己第一次吃西餐的情形。走进餐厅，就看到豪华而气派的装饰，而且整个餐厅很静，若有若无的音乐轻轻回荡，这既让司马小姐心动，同时也不免紧张。她走到餐桌边，伸手去拖餐椅，侍者赶紧过来，帮她轻轻挪动椅子，司马小姐同时发现自己站在了椅子的右边，脸一下子就红了。接下来进餐的过程中，她牢记左叉右刀的原则，但是其实她是左撇子，而且第一次用，心里很紧张，更显得笨拙。整个进餐过程，司马小姐觉得像是在受罪，音乐、环境对她而言都不曾留下什么印象，只有紧张与小心翼翼，以及小心翼翼后的笨拙，令她终生难忘。

案例解析：在参加西餐宴请时，要注意西餐礼仪与中餐礼仪的不同。在走到餐桌旁时，应站在餐椅的左边位置，由侍者拖开餐椅。而司马小姐事先没有对西方餐桌礼仪进行了解，导致出现了失礼行为。在使用刀叉感觉不方便时，可以换右手拿叉，但不宜频繁更换位置。司马小姐虽知晓左叉右刀的原则，却不知道变通，而使自己变得十分笨拙。

案例 4—4—3

在与自己的同事一道外出参加一次宴会时，财政局干事老姜因为举止有失检点，从而招致了大家的非议。老姜当时在宴会上为了吃得畅快，在开始用餐之后便再三地减轻自己身上的“负担”。他先是松开自己的领带，接下来又解开领扣、松开腰带、卷起袖管，到了最后，竟然又悄悄地脱去自己的鞋子。尤其令人感到不快的是，老姜在吃东西时，总爱有意无意地咂巴滋味，并且其响声“一波未平，一波又起”“一浪高过一浪”。老姜在宴会上的此番作为，不仅令他身边的人瞠目结舌，而且也让他的同事无地自容。大家就此纷纷指责老姜：丢了自己的人，丢了单位的人，也丢了大家的人。

案例解析：案例中的老姜，在聚会中解开领带、衣服，甚至脱掉鞋子，全然不顾自身形象。用餐中啜食、咂嘴，实在令人难以接受。在商务用餐过程一定要文雅，合乎规范。

5. **告别礼仪**

宴会结束，赴宴者应起身告别，不可贪杯恋菜，拖延撤席，不能因余兴未尽而说笑不止。

（1）中途道别礼仪

如果宴席前就已准备中途告别，应在宴请开始之前就向主人说明理由，届时向主人打个招呼便可以悄悄离去。如果是临时有事需要提早道别，同样应向主人说明理由。无论何时提前离席，都要向主人表示歉意。

（2）席终告辞礼仪

在主人和主宾离席后，其他客人才能散席。主宾先向主人告辞，其他客人随后致谢告辞。道别的顺序是男宾先向男主人道别，女宾先向女主人道别，然后再交叉道别。告辞时，客人应向主人有礼貌地握手致谢，称赞宴会组织得好，菜肴丰盛精美，但不可过头，更不要探听宴席的价格。

（3）宴后致谢

在参加宴会后的2～3天，写信或打电话表示感谢。

知识链接　　**筷子的使用**

（1）握筷姿势应规范，进餐需要使用其他餐具时，应先将筷子放下。

（2）筷子一定要放在筷子架上，不可放在杯子或盘子上，否则容易碰掉。

（3）若不小心把筷子碰掉在地上，可请服务员换一双。

（4）在用餐过程中，已经举起筷子，但不知道该吃哪道菜，这时不可将筷子在各碟菜中来回移动或在空中游弋。

（5）不要用筷子叉取食物放进嘴里，或用舌头舔食筷子上的附着物，更不要用筷子去推动碗、盘和杯子。

（6）有事暂时离席，不能把筷子插在碗里，应将其轻搁在筷架上。

（7）在席间说话时，切忌把筷子当道具，随意乱舞；或是用筷子敲打碗碟桌面，用筷子指点他人。

第五节 位次礼仪

学习目标

- 掌握乘车礼仪的相关知识
- 掌握行进礼仪的相关知识
- 掌握会谈礼仪的相关知识
- 掌握会议礼仪的相关知识
- 掌握用餐礼仪的相关知识

位次，即人们在人际交往中，彼此之间各自所处的具体位置的尊卑顺序。在正常情况下，位次的尊卑已约定俗成，位高者坐在上位，位低者坐在下位。因此，需要充分了解商务交往中的位次规范。

一、乘车位次礼仪

1. 乘车位次

目前，国内所见的轿车大多是双排座或三排座。乘车时一定要根据乘车人的身份及社会地位，选择适得其所之处就座。轿车座次安排通常有以下几种情况。

就双排五座轿车而言，一般情况下，由主人亲自驾驶时，座位顺序应当依次是：副驾驶座、后排右座、后排左座、后排中座（见图 4—5—1）。由专职司机驾驶时，座位顺序应当依次是：后排右座、后排左座、后排中座、副驾驶座（见图 4—5—2）。

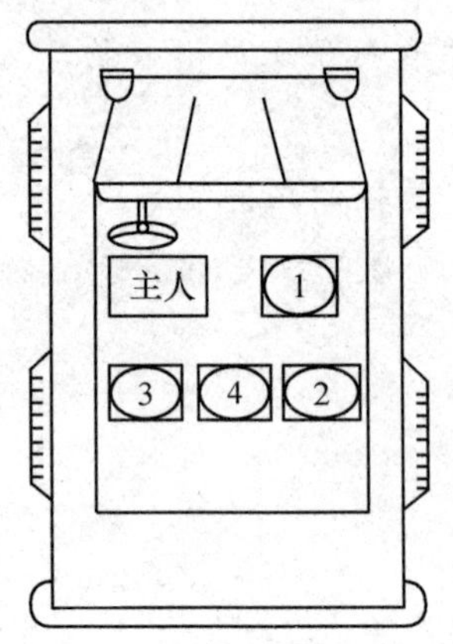

图 4—5—1　双排五座轿车（主人驾驶）

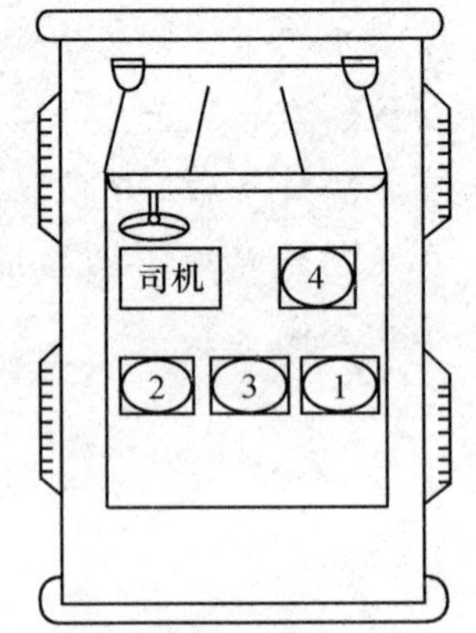

图 4—5—2　双排五座轿车（司机驾驶）

就三排七座轿车而言，一般情况下，由主人亲自驾驶时，座位顺序应当依次是：副驾驶座、后排右座、后排左座、后排中座、中排右座、中排左座（见图 4—5—3）。由专职司机驾驶时，座位顺序应当依次是：后排右座、后排左座、后排中座、中排右座、中排左座、副驾驶座（见图 4—5—4）。

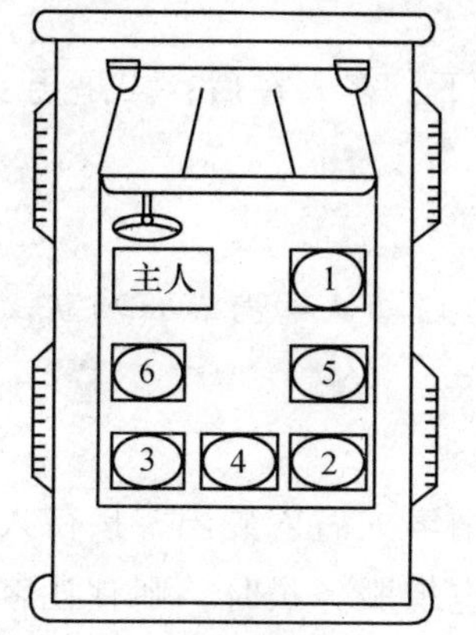

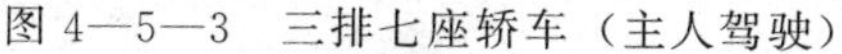
图 4—5—3　三排七座轿车（主人驾驶）

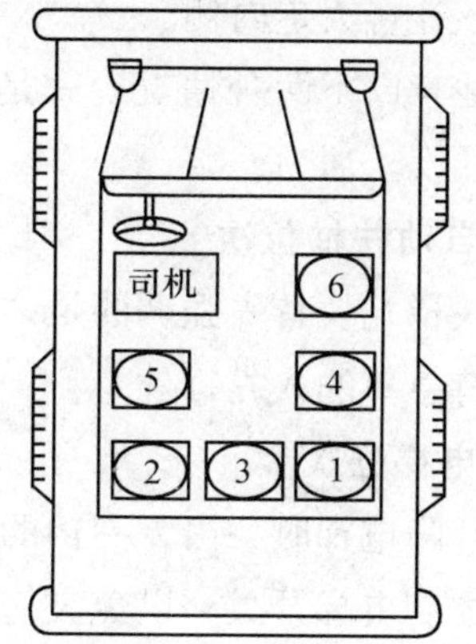

图 4—5—4　三排七座轿车（司机驾驶）

2. 上下车顺序

上下轿车先后顺序的基本要求是：请尊长、女士、客人先上车，后下车。具体而言，包括以下几点：

（1）主人驾驶轿车时，应后上车、先下车，以便照顾客人上下车。

（2）乘坐专职司机驾驶的轿车时，坐在前排者，大都应后上车、先下车，以便照顾坐在后排者。

（3）乘坐专职司机驾驶的轿车，并与其他人同坐后一排时，应请尊长、女士、客人从右侧车门先上车，将车门关上后，自己再从车后绕到左侧开门上车。下车时，自己应先从左侧下车，再从车后绕到右侧打开车门请其下车。如果车停在闹市，左侧车门不宜开启，从右侧车门上车时，应当里座先上、外座后上。下车时，应外座先下、里座后下。

（4）为了上下车方便，坐在折叠座位上的人，应当最后上车，最先下车。

（5）坐三排九座车时，应是低位者先上车、后下车；高位者后上车、先下车。

二、行进位次礼仪

1. 常规行进位次

在步行过程中，陪同、接待客人或领导时，有相应的位次高低关系：并行时，内侧高于外侧（路程短），中央高于两侧。即要让客人或领导走在中央或内侧（外侧导引）；单行行进时，前方高于后方（抓镜头），没有特殊情况，应让客人或领导在前面行进。但是，当客人或领导不识路时，接待人员要带路时，应走在其前方。

2. 上下楼梯位次

一般而言，上下楼梯要单行行进；没有特殊情况要靠右侧单行行进。

上楼梯时，客人走前面，陪同者紧跟在后面；下楼梯时，陪同者走前面，并将身体转向客人。楼梯中间的位置是上位，但若有栏杆，就应让客人扶着栏杆走；如果是螺旋梯，则应该让客人走内侧。

需要注意以下两种情况：一是在需要引路的情况下，客人在后；二是男女同行时，上下楼宜让女士居后。

3. 乘自动扶梯位次

自动扶梯礼仪首先强调的是“左行右立”，即上下自动扶梯需靠右站立，留出左边的通道让有急事的人先行。

4. 乘电梯位次

出入升降电梯时，当无专门的电梯服务员时，宜请客人后入先出，接待人员先入后出，便于控制电梯开关，以免夹伤客人；当有专门的电梯服务员时，则宜让客人先入后出，以把好的位置留给客户和方便自己引路。

5. 出入房门位次

没有特殊原因，出入房门的标准做法是位高者先进或先出房门。但是如果情况特殊的话，比如需要引导、室内灯光昏暗，那么标准的做法是，陪同接待人员先进，为客人开灯、开门。出门的时候，陪同接待人员先出，为客人拉门导引。

三、会谈位次礼仪

1. 双边会谈位次

双边谈判指的是由两个方面的人士所举行的谈判。在一般性的谈判中，双边谈判最为多见。双边谈判的座次排列，主要有两种形式可供酌情选择。

(1) 横桌式（见图 4—5—5a）

横桌式座次排列，是指谈判桌在谈判室内横放，客方人员面门而坐，主方人员背门而坐。除双方主谈者居中就座外，各方的其他人士则应依其具体身份的高低，各自先右后左、自高而低地分别在己方一侧就座。双方主谈者的右侧之位，在国内谈判中可坐副手，而在涉外谈判中则应由译员就座。

(2) 竖桌式（见图 4—5—5b）

竖桌式座次排列，是指谈判桌在谈判室内竖放。具体排位时以进门时的方向为准，右侧由客方人员就座，左侧则由主方人员就座。在其他方面，则与横桌式排座相仿。

归纳起来，双边谈判时位次排列有以下四个细节需要注意：

第一，举行双边会谈时，应使用长桌或椭圆形桌子，宾主应分坐于桌子两侧。

第二，如果会谈桌横放，面对正门的一方为上，应属于客方；背对正门的一方为下，应属于主方。

第三，如果会谈桌竖放，应以进门的方向为准，右侧为上，属于客方；左侧为下，属于主方。

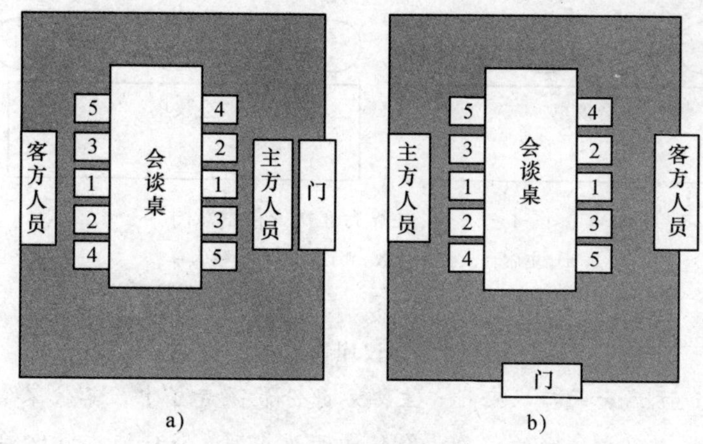

图 4—5—5 双边会谈位次

a）横桌式 b）竖桌式

第四，进行会谈时，各方的主谈人员应在自己一方居中而坐。

2. 多边会谈位次

多边谈判在此是指由三方或三方以上人士所举行的谈判。多边谈判的座次排列，主要可分为两种形式。

（1）自由式

自由式座次排列，即各方人士在谈判时自由就座，无须事先正式安排座次。

（2）主席式

主席式座次排列，是指在谈判室内，面向正门设置一个主席位，由各方代表发言时使用。其他各方人士，则一律背对正门、面对主席之位分别就座。各方代表发言后，须下台就座。

四、会议位次礼仪

1. 大型会议位次

大型会议一般是指与会者众多、规模较大的会议。其最大特点是会场上应分设主席台与群众席。

（1）主席台排座

主席台是全场关注的重点区域，座次安排应符合规范和惯例。

国内会议主席台的座次安排，按照职务的高低和选举的结果安排座次，职务最高者居中，按先左后右（以主席台的朝向为准）、前高后低的顺序依次排列（见图 4—5—6）。

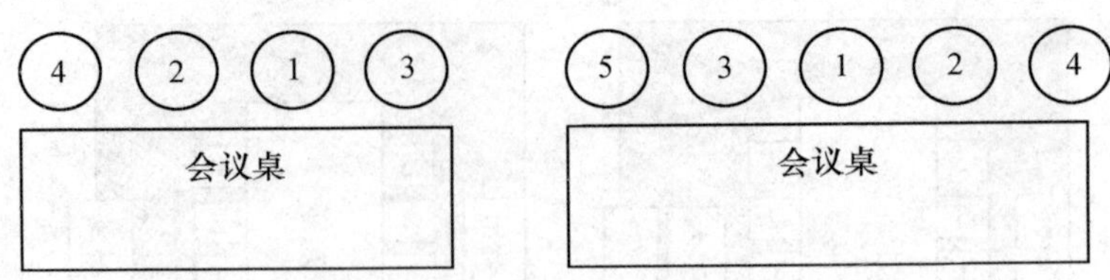

图 4—5—6　主席台座次安排示意图

a）主席台人数为双数　b）主席台人数为单数

知识链接　**国际会议座次安排**

国际性会议主席台的座次安排，主办方身份最高者居中，其他来宾按照国际礼宾次序先右后左（以主席台的朝向为准）向两边排列，这一点与国内会议排法正好相反。

（2）群众席排座

在大型会议上，主席台之下的一切席位均称为群众席。群众席的具体排座方式有两种。其一，自由式择座，即不进行统一安排，而由大家自由择位而坐。其二，按单位就座，指的是与会者在群众席上按单位、部门或者地位、行业就座。它的具体依据既可以是与会单位、部门的汉字笔画的多少、汉语拼音字母的前后，也可以是其平时约定俗成的序列。按单位就座时，若分为前排后排，一般以前排为高，以后排为低；若分为不同楼层，则楼层越高，排序越低。

在同一楼层排座时，又有两种普遍通行的方式：一是以面对主席台为基准，自前往后进行横排；二是以面对主席台为基准，自左而右进行竖排。

2. 小型会议位次

小型会议一般指参加者较少、规模不大的会议。其主要特征是全体与会者均应排座，不设立专用的主席台。小型会议的排座目前主要有以下三种具体形式。

（1）面门设座

一般以面对会议室正门之位为会议主席之座。其他的与会者可在其两侧自左而右地依次就座。

（2）依景设座

所谓依景设座，是指会议主席的具体位置，不必面对会议室正门，而是应当背依会议室之内的主要景致，如字画、讲台等。其他与会者的排座，则略同于前者。

（3）自由择座

其基本做法是不排定固定的具体座次，而由全体与会者完全自由地选择座位就座。

知识链接　　**不同桌形的座次安排礼仪**

桌形	座次安排	特点
长方形	主持人坐在桌子一头的权威位置上	•能突出主持人的作用 •会影响与会者之间的相互交流
圆形	随意而坐	•因没有权威位置而削弱了领导人的地位 •对演示设备极为不利
U字形	重要人物或贵宾坐在U字的横并头处下首，其他人员坐在U字的两侧	比较适合有演示内容的会议，对演示设备非常有利

五、用餐位次礼仪

1. 桌次安排

正规的宴请应安排桌次，将被宴请者安排在不同的桌次中，体现出宴请者对被宴请者的礼遇规格。中西餐的用餐制度和方式的不同，西餐宴请中不存在桌次问题。中餐宴请的桌次安排原则见表4—5—1。

表4—5—1　　**中餐宴请的桌次安排原则**

原则	具体要求	示例
以右为上	餐桌的排列有左右之分时，面对餐厅（或包厢）正门或面对乐队演出中心的右侧为上、为尊	① ② ↑ 门
以远为上	餐桌的排列有远近之分时，距离餐厅（或包厢）正门较远者为上、为尊。以离正门远近区分尊卑，主要是因为门口是送菜、撤器等必经之道，较为吵闹，受干扰较多，而“远”则相对安静	① ② ↑ 门
居中为上	餐桌的排列有左中右之分时，居于中间者为上、为尊。以中为上，主要是“中”处于醒目的中心位置，且方便联络、交谈	② ① ③ ↑ 门
中远结合以右、以远为上	多桌宴会一般以最前面或居中的桌子为主桌，按国际上的习惯，遵循中远结合以右、以远为上的原则，即其他桌次的高低以离主桌位置远近而定。距离主桌越近，桌次越高；距离相等时，以面对正门的位置为准，右高左低	① ③ ② ④ ↑ 门

2. 席次安排

正规的宴请还应安排席次，与桌次一样，席次同样能体现出来宾的身份与地位。

（1）中餐宴会的席位安排原则

1）面门为主。即通常面对餐厅正门的位置为主人位，与主人位相对的座位为副主人位。公务场合，有2位主人时，则应按照职务高低或年龄的大小，双方相对而坐。若主人夫妇共同出席宴会时，则男主人在主人位就座，女主人在副主人位就座。

2）主宾居右。按照国际惯例，主宾应安排在主人的右侧就座。

3）好事成双。为了方便席次安排、避免出现一些尴尬的情景，每桌的人数以偶数为宜，每桌的人数最好控制在12人之内。

4）各桌相对。主桌之外的其他各餐桌上的“主位”，一般均与主桌上的主人位相对，以便其他桌的主人观察主桌上主人的活动，遥相呼应。

（2）中餐宴会席位的常规安排法

中餐宴会席位的常规安排法（见表4—5—2）有两种：一是每张桌1个主位的排列法。每张餐桌上只有1个主人，主宾在其右手就座，形成一个谈话中心。二是每张桌上有2个主位的排列法。如果主宾夫妇就座于同一桌，以男主人为第一主人，女主人为第二主人，主宾和主宾夫人分别坐在男女主人的右侧，桌上形成2个谈话中心。

表4—5—2　　中餐宴会席位的常规安排法

每张桌1个主位的排列法	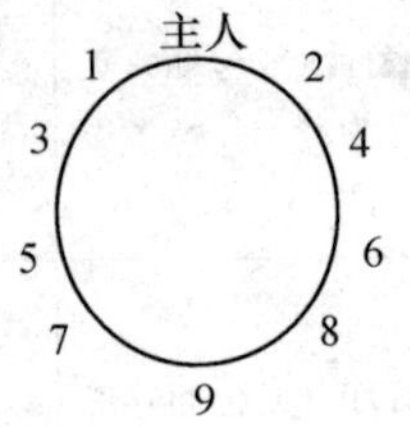 主人 1 2 3 4 5 6 7 8 9	1为主宾，2为第二主宾，3～9分别为其他宾客
每张桌上有2个主位的排列法	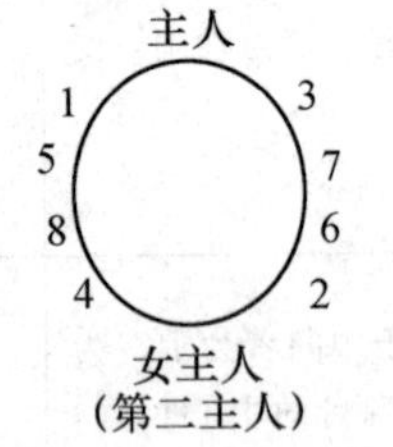 主人 1 3 5 7 8 6 4 2 女主人 （第二主人）	1为主宾，2为第二主宾，3为第三主宾，4为第4主宾，5～8为其他宾客

（3）西餐的席位安排原则

1）女士优先。女主人一般为第一主人，男主人为第二主人。

2）距离定位。距主位近的位置为尊，距主位远的位置为次。

3）以右为尊。主位右侧的位置为尊，主位左侧的位置为次。

4）面向门为上。面对餐厅正门的位置为尊，背对餐厅正门的位置为次。

5）交叉排列。为方便广交朋友，男女席位交叉排列，熟人和生人交叉排列。

(4) 西餐宴会席位的常规安排法

西餐宴会席位的常规安排法（见表4—5—3）有两种：一是男女主人在长桌的中央相对而坐，餐桌的两端可以坐人，也可以不坐人；二是男女主人分别坐在长桌的两端。

表4—5—3　　西餐宴会席位的常规安排法

男女主人在长桌的中央相对而坐的排列法	9　5　1　女主人　3　7　11 ［长桌］ 12　8　4　男主人　2　6　10
男女主人分别坐在长桌两端的排列法	4　8　12　9　5　1 男主人［长桌］女主人 2　6　10　11　7　3

思考与练习

一、简答题

1. 握手应注意哪些禁忌？
2. 收发名片应注意哪些问题？
3. 简述商务赠礼的礼节。
4. 简述中餐的就餐礼仪。
5. 行进中应注意哪些位次礼仪？

二、实践题

1. 小李是A公司的秘书，今天接到王董事长的通知去机场接一位新客户李董事长（王董事长与李董事长只通过电话，未曾见过面），王董事长将在公司的会客室接见李董事长，进行业务洽谈。请将同学分组，运用所学的会见礼仪，演示小李迎客与送客的全过程。

2. 案例分析1

周小姐有一次代表公司出席一家外国商社的周年庆典活动，正式的庆典活动结束后，那家外国商社为全体来宾安排了丰盛的自助餐。尽管在此之前周小姐并未用过正式的自助餐，但是她在用餐开始之后发现其他用餐者的表现非常随意，便也就“照葫芦画瓢”，像别人一样放松自己。

让周小姐开心的是，她在餐台上排队取菜时，竟然见到自己平时最爱吃的北极甜虾，于是，她毫不客气地替自己满满地盛了一大盘。当时她的主要想法是：这东西虽然好吃，可不便来回地取，否则旁人就会嘲笑自己没有见过什么世面，再说，它这么好吃，这会儿不多盛一些，保不准一会儿就没有了。

然而令周小姐脸红的是，她端着盛满了北极虾的盘子从餐台边上离去时，周围的人居然个个都用异样的眼神盯着她。有一位同伴还用鄙夷的语气小声说道："真给中国人丢脸呀！"事后一经打听，周小姐才知道，自己当时的行为是有违自助餐的礼仪的。

问题：你知道周小姐的错误吗？应该怎么做呢？

3. 案例分析2

央视"同一首歌"节目到广东演出，在企业做秘书的张明好不容易才托人买到了四张票，他将其中的两张送给了同样喜欢"同一首歌"的办公室主任。演出当晚，张明夫妇精心打扮好后准备前往现场看演出，可就在这时，门铃响了，多年不见的老朋友李菁夫妇来访。刚一见面，双方都兴奋不已，很快就拉起了家常。可时间过得很快，眼看就要到演出时间了，张明太太不由得频频看表，李菁问："有什么事吗？会打扰到你吗？"张明忙说："不会不会。"于是李菁夫妇又兴奋地将送给张明夫妇的礼物一件一件掏了出来，并一一介绍说这是在桂林给他们买的，这是在杭州给他们买的……直到他们介绍完，电视直播的"同一首歌"已经开始了。

问题：

（1）请分析李菁夫妇的拜访恰当吗？为什么？

（2）假如你是张明夫妇，你会怎么应对这次突然的拜访？

第五章 商务活动礼仪

第一节 商务仪式礼仪

学习目标

- 掌握庆典、剪彩、新闻发布会、签约等的基本礼仪
- 能够合理有序地布置常见的商务仪式

公司的开业、剪彩、不定期举行的展览会及遇重大或紧急事务时举行的新闻发布会，都是商务人士需要经常参加的仪式。在这些比较重大的商务活动中恰到好处地应用商务礼仪，既能体现公司认真严肃的态度，树立公司的良好形象，又能借此宣传公司的产品和服务，扩大公司的影响力，提高公司的知名度。

一、庆典礼仪

1. 庆典类型

根据不同的分类标准，庆典可以分为很多种，其中最常见的主要有如下几种。

（1）节日庆典

节日庆典是指围绕重大节日和纪念日举行的庆祝活动。一类是传统的公共节日，如国庆、元旦、春节、建军节、“三八”妇女节、青年节等。另一类是纪念日，如企业成立若干周年纪念日，这个“若干”通常是逢五、逢十进行的，即在单位成立五周年、十周年及它们的倍数时进行。这类庆典活动一般是定时并结合当前的中心任务来举行。

（2）庆功典礼

庆功典礼是指因为单位或成员获得某项荣誉，取得某些重大成就、重大业绩、重大进展而举行的庆祝活动。如某企业荣获“建设部评定装饰施工一级和设计甲级企业”、某轿车厂“第100万辆轿车下线”、某电视机厂“超大屏幕彩色电视机开发研制成功”等。

(3) 开业庆典

开业庆典是指单位机构成立、创建，企业开始正式营业时隆重举行的庆祝仪式。这类庆典的目的是扩大宣传，树立组织机构的形象。

(4) 奠基仪式

奠基仪式是指重大工程项目如楼宇、道路、桥梁、河道、水库、电站、码头、车站等建设项目正式开工时，举行破土动工的仪式。这类庆典起庆祝性、纪念性作用。

(5) 竣工典礼

竣工典礼是指某一工程项目建成完工时举行的庆贺性仪式，包括建筑物落成、安装完工、重大产品成功生产等。这类庆典一般在竣工现场举行。

(6) 通行典礼

通行典礼分为通车典礼和通航典礼，通车典礼是指重大交通建筑如公路、铁路、地铁、桥梁、隧道等，在正式交付使用前举行的庆祝活动。通航典礼又称首航仪式，是指飞机、轮船正式开通一条新航线时举行的庆祝活动。

(7) 学业典礼

学业典礼包括开学典礼和毕业典礼。开学典礼通常指的是学校为新生举行的开学仪式，毕业典礼是学校为毕业生举行的毕业仪式。

2. 庆典活动的基本流程

(1) 现场奏乐，活跃气氛。

(2) 嘉宾到场，礼仪小姐和工作人员提供系列服务，如签到题字、座位指引、佩戴胸花；工作人员派发日程安排手册和纪念品。

(3) 仪式开始，主持人致开场白并介绍来宾。

(4) 单位领导致欢迎词。

(5) 当地领导讲话（可视实际需要进行安排）。

(6) 嘉宾代表致辞。

(7) 主持人宣布剪彩开始，宣读剪彩人员名单。

(8) 剪彩。一般此时鼓乐大奏、雄狮狂欢、彩纸飞扬、彩球升空，主持人发表热情洋溢的讲话将整个庆典活动推向高潮。

(9) 仪式结束，嘉宾参观或节目表演。

(10) 招待、宴请嘉宾。

3. 参加庆典的礼仪要求

(1) 庆典主办方人员的出席礼仪

按照庆典仪式礼仪的规范，作为庆典主办方的出席人员应注意以下几个方面的礼仪问题。

1) 仪容服饰。庆典主办方的出席人员应洗澡、理发，男士应刮净胡须、穿统一的制服，无制服的单位，应穿着礼仪性的服装。

2）遵守时间。上至主办方的最高负责人，下至一般的普通员工，都应遵守时间，不可姗姗来迟或无故缺席，更不应中途退场。如果事先已规定了庆典的起止时间，则应准时开始，准时结束。

3）表情庄重。在庆典举行期间，不允许嘻嘻哈哈、嬉皮笑脸或是愁眉苦脸、唉声叹气、一脸晦气，否则会使来宾产生很不好的联想。在举行庆典的整个过程中，都要表情庄重、聚精会神。假若庆典之中安排了升国旗、奏国歌、唱本单位之歌的程序，一定要依礼行事：起立、脱帽、立正、面向国旗或主席台行注目礼，并且认认真真、表情庄严肃穆地和大家一起唱国歌、唱本单位之歌。

4）态度友好。对来宾的态度要友好，应主动热情地问好，不要对来宾进行围观和指点，更不应持有敌意，对来宾提出的问题应立即友善答复。

当来宾在庆典上发表贺词或进行参观，要主动鼓掌表示欢迎或感谢。在庆典中，即使个别来宾在庆典中表现得对主人不够友善，或说不太顺耳的话，主办方人员也应当保持克制，不要出现吹口哨、"鼓倒掌"、敲打桌椅、胡乱起哄等现象，更不允许打断来宾的讲话，向其提出挑衅、质疑，或是对其进行人身攻击。

5）行为自律。参加庆典活动的主办方人员，应避免出现以下的不良行为。

①忌"想来就来，想走就走"，或是在庆典举行期间到处乱走、乱转。

②忌有意无意地表示出对庆典毫无兴趣，如读小说、看报纸、听音乐、玩游戏、打扑克、打瞌睡、织毛衣等。

③忌让人觉得自己心不在焉，诸如探头探脑、东张西望、一再看手表或是向别人打听时间。

④忌与周围的人说"悄悄话"、开玩笑或是朝主席台上的人挤眉弄眼、做鬼脸。

⑤当本单位的会务人员对自己有所要求时，需要"有则改之，无则加勉"，不要一时冲动，或是为了显得自己玩世不恭，而产生逆反心理做出傻事来。

6）发言简短。参加庆典的主办方人员在庆典活动中有发言时，应注意以下几个问题。

①上下场时要沉着冷静。走向讲坛时，应不慌不忙，不可急奔过去，也不可慢吞吞地"起驾"。在开口讲话前，应平心静气，不要气喘吁吁、面红耳赤、满脸是汗、急得讲不出话来。

②要讲究礼貌。在发言开始，勿忘说"大家好"或"各位好"，在提及感谢对象时，应目视对方；在表示感谢时，应郑重地欠身施礼；对于大家的鼓掌，则应以自己的掌声来回礼；在讲话末了，应当说"谢谢大家"。

③要宁短勿长。发言一定要在规定的时间内结束，而且宁短勿长，不要随意发挥，信口开河。

④应少做手势。含义不明的手势应当少做，尤其在发言时应当坚决不用。

（2）庆典被邀请方的出席礼仪

外单位人员在参加庆典时，同样有必要“既来之，则安之”，以自己上佳的临场表现，来表达对庆典方的敬意与对庆典本身的重视。倘若在此时此刻表现欠佳，对庆典方是一种伤害。在参加庆典时，若是以单位而不是以个人名义来参加，更要特别注意自己的临场表现，不可轻举妄动或放纵不羁。

二、剪彩礼仪

剪彩仪式是指企业或社会组织为了庆贺成立，开业，大型建筑物落成，道路、桥梁首次通车，大型展销会、博览会开幕等而举行的一种庆贺活动。剪彩既可作为开业仪式的程序之一，也可单独作为一种仪式举行。

1. 剪彩准备

在正常情况下，剪彩仪式应在行将启用的建筑、工程或者展销会、博览会的现场举行。正门外的广场、正门内的大厅，都是可以优先考虑的。在活动现场，可略作装饰。在剪彩之处悬挂写有剪彩仪式具体名称的大型横幅，更是必不可少的。

剪彩仪式场地的布置、环境的卫生、灯光与音响的准备、媒体的邀请、人员的配备等方面，必须做到认真细致、精益求精。除此之外，尤其对剪彩仪式上所需使用的某些特殊用具，诸如红色缎带、新剪刀、白色薄纱手套、托盘及红色地毯，要仔细地进行选择与准备。

2. 剪彩者确定及礼仪要求

剪彩者必须认真进行选择，并事先进行必要的培训。在剪彩仪式上担任剪彩者是一种很高的荣誉。剪彩仪式档次的高低，往往也同剪彩者的身份密切相关。剪彩者在剪彩仪式上持剪刀剪彩之人。根据惯例，剪彩者可以是一个人，也可以是几个人，但是一般不应多于五人。通常，剪彩者多由上级领导、合作伙伴、社会名流、员工代表或客户代表担任。

剪彩者名单必须在剪彩仪式正式举行之前确定。名单一经确定，即应尽早告知对方，使其有所准备。在一般情况下，确定剪彩者时，必须尊重对方个人意见，切勿勉强对方。需要由数人同时担任剪彩者时，应分别告知每位剪彩者届时将与何人同担此任。这样做，是对剪彩者的一种尊重。千万不要“临阵磨枪”，在剪彩开始前才强拉硬拽，临时找人凑数。

为确保剪彩的顺利进行，必要之时，可在剪彩仪式举行前，将剪彩者集中在一起，告知其有关的注意事项，并稍作训练。按照常规，剪彩者应着套装、套裙或制服，将头发梳理整齐，不允许戴帽子、戴墨镜，也不允许穿着便装。

案例 5—1—1

某公司举行新项目开工剪彩仪式，请来张市长和当地各界名流参加，请他们坐在主席台上。仪式开始时，主持人宣布：“请张市长下台剪彩！”却见张市长端坐没动。主持人很奇怪，重复了一遍：“请张市长下台剪彩！”张市长还是端坐没动，脸上还露出一丝恼怒。主持人又宣布了一遍："请张市长剪彩!"张市长这才很不情愿地起来去剪彩。

案例解析： 案例中的"下台"一词容易让人联想起"领导卸任重要职务"。这对于身任要职的人而言是非常忌讳的，所以张市长才会如此不快。剪彩仪式的主持词一定要事先拟定，再三斟酌，切勿犯忌。

3. 剪彩仪式流程

剪彩的程序必须有条不紊。一般来说，剪彩仪式宜紧凑，忌拖沓，在所耗时间上越短越好。短则 15 分钟即可，长则至多不宜超过一小时。

按照惯例，剪彩既可以是开业仪式中的一项具体程序，也可以独立出来。独立而行的剪彩仪式，通常应包含如下六项基本程序。

（1）请来宾就位

在剪彩仪式上，通常只为剪彩者、来宾和本单位的负责人安排座位。在剪彩仪式开始时，即应邀请大家在已排好顺序的座位上就座。在一般情况下，剪彩者应就座于前排。若不止一人时，则应使之按照剪彩时的具体顺序就座。

（2）宣布仪式正式开始

在主持人宣布仪式开始后，乐队应演奏音乐，现场可燃放鞭炮，全体到场者应热烈鼓掌。此后，主持人应向全体到场者介绍到场的重要来宾。

（3）奏国歌

此刻须全场起立。必要时，也可随后演奏本单位标志性歌曲。

（4）进行发言

发言者依次应为东道主单位的代表、上级主管部门的代表、地方政府的代表、合作单位的代表等。其内容应言简意赅，每人不超过三分钟，重点应为介绍、道谢与致贺。

（5）进行剪彩

全体应热烈鼓掌，必要时还可奏乐或燃放鞭炮。在剪彩前，须向全体到场者介绍剪彩者。

（6）进行参观

剪彩之后，主人应陪同来宾参观被剪彩之物。仪式至此宣告结束。随后东道主单位可向来宾赠送纪念性礼品，并以自助餐款待全体来宾。

知识链接　**剪彩位次排定**

若剪彩者仅为一人，则其剪彩时居中而立即可。若剪彩者不止一人，则其同时上场剪彩时位次的尊卑就必须予以重视。一般的规矩是：中间高于两侧，右侧高于左侧，距离中间站立者越远位次便越低，即主剪者应居于中央的位置。

三、新闻发布会礼仪

1. 新闻发布会的准备

新闻发布会是企业与公众沟通的重要渠道，对企业的影响很大，因此准备工作应当做得更加细致充分。

（1）标题拟订

新闻发布会一般针对企业意义重大、媒体感兴趣的事件举办。每个新闻发布会都有一个标题，在选择新闻发布会的标题时，一般用“××信息发布会”或“××媒体沟通会”，避免使用“新闻发布会”的字样。因为我国对新闻发布会是有严格申报、审批程序的，对企业而言，并没有必要如此烦琐。

可以在标题中说明发布会的主旨内容。如：“某某企业20××年新品信息发布会”，也可以为发布会选择一个具有象征意义的标题，再用副标题说明发布会的内容。

（2）时间安排

新闻发布会一般安排在周一、周二、周三的下午为宜，这样可以保证在第二天播出或刊出，会议时间应保证在1小时左右，这样可以相对保证发布会的现场效果和会后见报效果。另外，在时间选择上还要避开重要的政治事件和社会事件，媒体对这些事件的大篇幅报道任务会冲淡企业新闻发布会的传播效果。

（3）场地布置

场地可以选择户外，如事件发生的现场，以便摄影记者拍照；也可以选择在室内，根据发布会规模的大小，室内发布会可以直接安排在企业的办公场所或者酒店，如选择酒店，则应考虑其交通是否便捷和会议厅的大小是否合适、设备是否齐全、价格是否合理等。

酒店选择好以后还应当精心布置背景，安排好酒店的外围布置，如酒店外横幅、竖幅、飘空气球、拱形门等。一般在大堂、电梯口、转弯处设导引指示欢迎牌，酒店一般有这项服务。事先可请好礼仪小姐迎宾，如果是在企业内部安排发布会，也要酌情安排人员做记者引导工作。

（4）道具调试

发布会现场所用的道具也很重要。最主要的道具是麦克风和音响设备。一些需要做展示的内容还需要投影仪、笔记本电脑、数据线、上网连接设备、投影幕布等，相关设备在发布会前要反复调试，保证不出故障。

（5）资料准备

为方便媒体详细了解发布会的内容，一般要在会前准备好资料袋。提供给媒体的资料，一般以广告手提袋或文件袋的形式整理妥当，按顺序摆放，在新闻发布会前发放给新闻媒体，摆放顺序依次应为：会议议程、新闻通稿、演讲发言稿、发言人的背景资料介绍、公司宣传册、产品说明资料（如果是关于新产品的新闻发布）、有关图片、纪念品（或纪念品领用券）、企业新闻负责人名片（新闻发布后进一步采访、新闻发表后寄达联络）、空白信笺、笔（方便记者记录）等。

（6）新闻发言人的准备

新闻发布会也是公司要员同媒体打交道的一次很好的机会，值得珍惜。代表公司形象的新闻发言人对公众认知会产生重大影响。如其表现不佳，公司形象无疑也会令人不悦。新闻发言人可以是公司的头面人物，也可以是具有良好外形和表达能力、知识丰富、思路清晰、反应敏捷并有现场调控能力的人。新闻发言人应提前拟好所要发布信息的稿件，并尽量预测发布会时可能会出现的提问，并做相应的准备，以防止临场手足无措。

（7）媒体邀请

在为记者发邀请函时，应选择那些对口、会对新闻发布会的信息感兴趣的媒体。在记者邀请的过程中必须注意，一定需要邀请新闻记者，而不能邀请媒体的广告业务部门人员。有时，媒体广告人员希望借助发布会的时机进行业务联系，并做出也可帮助发稿的承诺，此时必须进行回绝。

2. 新闻发布会的程序

新闻发布会的程序大同小异。先由工作人员或迎宾小姐迎宾，并请来宾签到。签到时可以随手送上事先准备好的资料袋。

发布会开始后，主持人应介绍发布会的主题，到场的领导、嘉宾等内容。礼仪小姐引导领导上台就座后，新闻发言人即可发布信息。一般在发言人的发言结束后，都会安排记者提问。在回答完各位记者的提问后，主办方可以为与会嘉宾和媒体记者提供茶水和点心，发布会即可结束。

3. 新闻发布会的基本礼仪

除做好充分的准备工作外，新闻发布会还要注意相关礼仪。

在发布会举行前应向相关领导和媒体记者发出邀请函，函中应注明发布会的主题、时间、地点等信息。

发布会现场的席位摆放也应注意。发布会现场的席位一般是主席台加下面的课桌。注意确定主席台人员并摆放席卡，以方便记者记录发言人姓名。摆放原则是“职位高者靠前靠中，自己人靠边靠后”。

很多会议采用主席台只有主持人位和发言席，贵宾坐在下面第一排的方式。一些非正式、讨论性质的会议是圆桌摆放式。摆放回字形会议桌的发布会也较多，发言人坐在中间，两侧及对面摆放新闻记者席，这样便于沟通，同时也有利于摄影记者拍照。为防止到会人数较多情况的出现，会场后面会预留一些无桌子的位置。

工作人员应做好迎宾、签名、领座等服务工作，并尽可能地为来宾和记者提供周到的服务。新闻发言人和工作人员都应着西装或套裙，发言应条理清晰、内容明确。在发布会的过程中，对于记者的提问应该认真作答，对于无关或过长的提问则可以委婉礼貌地制止。对于涉及企业秘密的问题，有的可以直接、礼貌地告之该问题是企业机密，一般来说，记者也可以理解；有的则可以委婉作答，不宜采取“无可奉告”的方式。对于复杂而需要大量解释的问题，可以先简单答出要点，邀请其在会后探讨。

另外在邀请媒体时还应特别注意既要吸引记者参加，又不能过多透露将要发布的新闻。适当地制造悬念可以吸引记者对发布会的兴趣，如果事先就透露出去，记者看到别的报纸已经报道出来了，写新闻的热情会大大减弱，甚至不想再发布。无论一家企业与某些报社的记者多么熟悉，在新闻发布会之前，重大的新闻内容都不可以透漏出去。

在媒体邀请的密度上，既不能过多，也不能过少。一般企业应该邀请与自己联系比较紧密的商业领域记者参加，必要时，如事件现场气氛热烈，应关照平面媒体记者与摄影记者一起前往。邀请的时间一般以提前 3～5 天为宜，发布会前一天可作适当的提醒。联系比较多的媒体记者可以采取直接电话邀请的方式。相对不是很熟悉的媒体或发布内容比较严肃、庄重时可以采取书面邀请的方式。

在新闻发布会结束之后，主办方应及时送上茶水和点心，以供来宾和记者恢复体力。如有记者提出想对企业领导或某位相关人士进行专访，则应代为转达其采访意愿，并及时联系对方。

四、签约礼仪

签约仪式是商务活动中合作双方或多方经过协商或谈判，就彼此之间进行的商务活动、商品交易或某种争端达成协议，订立合同，由双方代表正式在有关的协议或合同上签字的一种庄严而又隆重的仪式。

1. 签字厅的布置

不论是专门的签字厅还是临时的会议室，都要布置得庄重、严肃，最好铺上地毯。签字厅正面的墙上要高挂帷幕，幕上标明签字仪式的名称及时间，如果安排致辞，可在签字桌的右侧放置讲台或落地话筒。长方形的签字桌要覆上绿色台布，桌面上放各自保存的文本，文本前放签字工具，如钢笔、墨水、吸墨纸等。桌子中间摆一旗架，悬挂双方国旗或者是印有组织标志的小旗。

2. 参加人员位置

双边缔约，参加签字仪式的领导人和主要见证人面向签字桌，按主左客右的惯例排成一行站立于签字人员的后方，双方身份最高的领导人并排站立于中间，其他人员按身份高低排列于各自签字人员的座位之后，不设座椅。双方助签人员分别站立在各自签字人员的外侧，如图 5—1—1 所示。若是多方签字则按礼宾次序安排各方签字代表的座次，一般按英文国名首字母顺序排列，也可按事先商定的顺序排列。通常是排在第一位的居中，第二位的排在右边，第三位排在其左边，以此类推。如果设观礼座位，则要放在签字桌的对面。

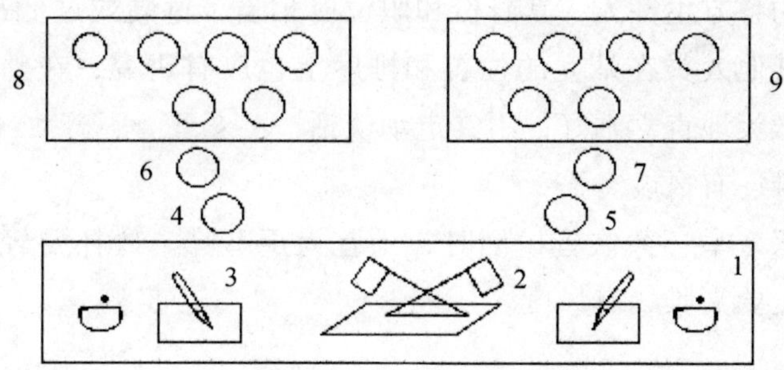

图 5—1—1　签字仪式排法图示

1—签字桌　2—双方国旗　3—签字用文具　4—客方签字人　5—主方签字人　6—客方助签人　7—主方助签人　8—客方参加签字仪式人员　9—主方参加签字仪式人员

3. 签约仪式

签约仪式上，双方参加洽谈的全体人员都要出席，共同进入会场，相互致意握手，一起入位。签约时有固定的仪式，具体如下：

（1）主持人向全体参加人员介绍签字各方的主要领导人及其他贵宾。

（2）主持人宣布签字仪式开始。

（3）进行签字。助签人翻开文本，指明签字处，签字人在己方保存的文本上签字。然后助签人合上文本，在签字人的身后互相交换文本。助签人打开对方保存的文本，指明签字处，请签字人逐一签字，再用吸墨器吸干。注意：签字人应先签署己方保存的合同文本，再接着签署他方保存的合同文本，这一做法在礼仪上称为“轮换制”。它的含义是在位次排列上，轮流使有关各方有机会居于首位一次，以显示机会均等，各方平等。

（4）签字完毕后，双方应同时起立，交换文本，相互握手，祝贺合作成功，并相互交换各自方才使用过的签字笔，以做纪念。其他随行人员应该以热烈的掌声表示喜悦和祝贺。

（5）主持人请各方领导人先后致辞。双边签字仪式致辞的顺序是先主后客，多边签字仪式则按签字顺序致辞。

（6）举行小型酒会，开香槟举杯共庆洽谈成功。秘书应事先安排工作人员准备好香槟、酒杯等，开香槟时气浪要足。

（7）有序退场。签约完毕，应请双方最高领导人及客方先退场，然后东道主再退场。

4. 参加签约仪式的礼仪要求

（1）注意服饰整洁、挺括

为体现对签约的庄重态度和对对方的尊重，参加签约仪式，应穿正式服装，庄重大方，切不可随意着装。

（2）签约者的身份和职位应双方相当

参加签字仪式的各方主签人，其身份和职位应相当，过高或过低都会造成不必要的误会。参加仪式的其他人员在站立的位置和排序上也应有讲究，在整个签约完成之前，双方人员都应平和微笑地直立站好，不宜走动谈话。

(3) 举止要文雅、有风度

签约完成后，双方举杯共饮香槟酒时，不宜大声喧哗。碰杯要轻，稍后高举示意，浅抿一口即可，举止要文雅、有风度。

第二节　商务会议礼仪

学习目标

- 了解商务会议前的准备要求
- 掌握会中及会后服务的礼仪规范
- 掌握参会人员的礼仪规范

一、商务会议前的准备工作

但凡正规的商务会议，均需进行缜密细致的准备工作。负责会务工作的基层商务人员，在其具体工作之中，一定要遵守常规、讲究礼仪、细致严谨，做好准备。

1. 确定会务工作人员并明确分工

如果召开的是一个比较大型的会议，就需要有许多人参与组织和服务工作。这些人应当有明确的分工，以确保会议有条不紊地进行。一般情况下可以分为三类工作人员：秘书类人员，负责会议的日程和人员安排，文件、简报、档案等文字性工作。后勤服务类人员，负责会场、接待、食宿、交通、卫生、文娱等后勤工作。保卫类人员，负责会议的安保工作。全体工作人员应当明白本次会议的目的及参会人数等基本情况，明确自己的工作任务和具体要求，以保证不出差错，不贻误工作。

2. 安排议题和议程

秘书类人员要在会前把会议需讨论、研究、决定的议题收集整理出来，列出议程表，提交领导确定。根据确定的议题安排日程，以保证会议有秩序地进行。

3. 确定与会人员

确定与会人员是一项很重要的工作。该到会的，一定要通知到；不应当到会的，就不应当参加。这里出现了差错，后果是很严重的。确定与会人员可以请人事部门帮忙，也可以请示领导或征求各个部门的意见。大型会议还要对与会人员进行分组，便于分组讨论，组织活动。

4. 发出通知

名单确定后，即可向与会人员发出通知，便于其做好准备工作。有时准备工作量比较大，而距离开会时间还远，可以先发一个关于准备参加会议的通知。在开会前，再发出开会通知。通知一般用书面形式。内容包括：会议名称，开会的目的、内容，与会人员应准备什么、携带什么，开会日程、期限、地点，报到的日期，地点，路线等。与会人员接到通知后，应向大会报名，告知将参加会议，以便大会发证、排座、安排食宿等。

会前工作做得越充分，会议进行时效果就越好、越有章可循。

案例 5—2—1

肖亮是公司新进的员工，作为新职员一般都要负责日常会务的准备工作，但肖亮却不太乐意干，每次都马马虎虎地应付过去。一次，公司为了联络与各经销商的感情，准备召开一次重要的商务会议，肖亮负责会务的具体工作，他依然按照平时的习惯，稍微准备了一下。结果开会那天，会议室的房间太小，椅子不够，有些人站着，挡住了别人的视线。天很热，会议室没有提前通风，空调制冷效果也很差，室内很闷。为了通风，门被打开，噪声也跟着进来。

环境很吵又很热，不少人都忙着用本子扇风擦汗，根本无心开会。经理询问大家建议的时候，没有人反映，会场一片杂乱，只得匆匆散会。这次会议以后，经理非常生气，过了没多久，就找了个借口把肖亮辞退了。

案例解析：会议前的准备工作一定要做得充分，肖亮的工作显然没有做到位。首先，他没有详细统计与会人数并准备好足够大的场地、足够多的桌椅。其次，他没有事先整理好会场环境，如果环境卫生及会场温度没有保证，与会人员就无心开会，那么会议的效果当然会大打折扣。

凡事预则立，不预则废。越是重大的会议，准备工作就必须做得越细致，肖亮的教训不得不吸取。

二、商务会议的服务礼仪

1. 会议中的服务礼仪

会议进行时的服务工作应周到热情，具体可从以下几个方面着手。

(1) 迎送与陪同

会议举行期间，一般应安排专人在会场内外负责迎送、引导、陪同与会人员。对与会的老、弱、病、残、孕等特别人士应予以更周到详尽的服务，为其提供方便。

(2) 签到

迎宾人员在接待客人后，即可为其提供签到服务，这既是对大会负责，也是对与会人员负责。签到人数和详细情况应随时向会议的负责人汇报，让负责人随时掌握与会人员报到情况。

(3) 食宿交通

举行较长时间的会议，一般应为与会者安排会间的工作餐。开会过程中，也应为与会者提供卫生可口的饮料。会上提供的饮料，最好采用自助饮用式，这样既卫生安全，又不会因为频频续水而妨碍对方。如有必要，还应在住宿、交通等方面为与会者提供力所能及又符合规定的服务。

(4) 会议记录及编写简报

凡重要的会议，均应进行现场记录，可以是文字记录，也可采取录音或录像的方式，会议记录应力求完整、准确、清晰。

有些重要会议往往在会议期间要编写会议简报。简报要尽快做出，并保证准确无误和简洁精练。

2. 会议后的服务礼仪

会议结束后应做好必要的后续性工作，以便使之有始有终。后续性工作大致包括三项。

(1) 引导离会

会议一结束，秘书人员就要与会务人员一道引导与会者有秩序地离开会场。在通常情况下，都是主席台上的领导离场后，与会人员再离场。如果会场有多条离场通道，领导者和与会者可以各行其道。大型会议还要注意散会后引导车辆迅速、有序地离场，必要时可派专人指挥。

(2) 送别参会人员

安排专门的工作人员，在会场外、宾馆门口欢送参会人员离开。对于一般的参会者，安排礼仪小姐或其他工作人员送行，对于身份特殊的参会者（如上级领导），则应当安排身份对等的人员送行。送行时应当充分注意礼仪，向对方表现出诚挚的惜别之情。

(3) 协助返程

大型会议结束后，主办单位一般应为外来的与会者提供一切返程的便利。若有必要，应主动为对方联络或提供交通工具，或是替对方订购返程票。当团队与会者或与会的特殊人士离开本地时，还可安排专人为其送行，并帮助其运输行李。

三、商务会议的人员礼仪

1. 会议主持人的礼仪

主持人一般由具有一定职位的人来担任，主持会议期间应遵循以下的礼仪规范。

(1) 主持人应衣着整洁、大方庄重、精神饱满、口齿清楚、思维敏捷。

(2) 主持人应步伐稳健地走上主席台。如果是站立主持，应双腿并拢，腰背挺直，若单手持稿，应右手持稿的底中部，左手五指并拢自然下垂；若双手持稿，应与胸齐高。如果坐姿主持，应身体挺直，双臂前伸，两手轻按于桌沿。

2. **会议发言者的礼仪**

会议发言者有正式发言和自由发言两种，前者一般是领导报告，后者一般是讨论发言。无论是哪一种发言，发言者对于与会者的提问，都应礼貌作答；对于不能回答的问题，应机智而礼貌地说明理由；对于提问者的批评和意见，应认真听取，即使提问者的批评是错误的，也不应失态。会议发言者的礼仪细则，见表5—2—1。

表5—2—1　**发言者的礼仪细则**

发言人类型	礼仪细则
正式发言者	衣着整齐
	走上主席台应自然、刚劲有力
	发言时应口齿清晰、讲究逻辑、简明扼要
	如果是书面发言，要时常抬头扫视一下会场，不能低头读稿，旁若无人
	发言完毕，应对听众的倾听表示谢意
自由发言者	发言应讲究顺序和秩序，不能争抢发言
	发言应简短，观点应明确
	与他人有分歧时，应以理服人，态度平和
	听从主持人的指挥，不能只顾自己

3. **会议参加者的礼仪**

会议参加者应衣着整洁，仪表大方；准时入场，按序落座；认真听讲，不做小动作；发言人发言结束时，应鼓掌致意；中途退场应轻手轻脚。

第三节　商务谈判礼仪

学习目标

- 掌握商务谈判的礼仪原则
- 掌握商务谈判的礼仪规范

商务谈判是交易双方为了各自的目的就一项涉及双方利益的标的物进行洽商，最终解决争议、达成协议、签订合同的过程。

一、商务谈判的礼仪原则

1. **礼敬对手**

礼敬对手，就是要求洽谈者在洽谈的整个过程中，始终如一地对自己的洽谈对手讲究礼貌，时时、处处、事事表现出对对方不失真诚的敬意。事实表明，在洽谈中礼敬对手有助于赢得对手的尊重与好感，并有助于消除对手的反感、漠视和抵触心理，在以后的进一步商务交往中，还能发挥潜移默化的功效，即所谓“你敬我一尺，我敬你一丈”。与此相反，假如在洽谈的过程中举止粗鲁、态度刁蛮、表情冷漠、语言失礼、不知道尊重和体谅对手，则会大大加强对方的防卫性和攻击性，无形之中伤害或得罪对方，不自觉地为洽谈增添了阻力和障碍。

2. 依法办事

在商务洽谈中，利益是各方关注的核心。对任何一方来说，大家讲究的都是“趋利避害”。在不得已的情况下，则会“两利相权取其重，两害相权取其轻”。因此，商界人士在洽谈会上，既要为利益而争，又需谨记依法办事、提倡法律至尊。

3. 平等协商

洽谈应该是有关各方在合理、合法的情况下进行的平等协商和讨价还价，是观点各异的各方经过种种努力，从而达成某种程度上的共识或一致的过程。其中的平等协商要注意两个方面的重要问题：一是要求洽谈各方在地位上要平等一致、相互尊重，不允许仗势欺人、以大欺小。二是要求洽谈各方在洽谈中要通过协商，即相互商量求得谅解，而不是通过强制、欺骗来达成一致。

4. 求同存异

有一位驰名世界的谈判大师说过：“所谓洽谈，就是一连串的不断要求和一个又一个不断妥协。”有关各方既然同意坐下来进行洽谈，那么在谈判桌上，就绝对不可以坚持“一口价”，一成不变、一意孤行，应该适当妥协。其妥协是通过有关各方的相互让步来实现的，但是这种相互让步，并不等于有关各方的对等让步。事实上，真正的对等让步几乎是不可能的，只要公平、合理、自愿，达成了大家都能够接受的妥协就行。

5. 互利互惠

在商务交往中，洽谈一直被视为一种合作或为合作而进行的准备。在参加洽谈会时，不应当将自己的获利建立在有害对手或伙伴的基础上，这也是应当遵守的商界公德。争取的结局应当是既利己、又利人，伙伴、对手之间同舟共济，既竞争又合作。

二、商务谈判的礼仪规范

举行正式谈判时，谈判者尤其是主谈者的临场表现，往往直接影响到谈判的现场气氛。

1. 形象得体

参加谈判时，谈判人员一定要讲究自己的穿着打扮。此举并非是为了招摇过市，而是为了表示自己对于谈判的高度重视。

（1）整洁的仪容

参加谈判前，应认真修饰个人仪容，其基本要求是干净整齐、端庄大方。

1）男士

①头发。发型简单大方，长短适当，干净整齐，不准留新潮、怪异的发型，不准蓬头乱发，也不准染发，最好也不要烫发。

②面部。保持干净清爽，养成每天上班前必剃须的习惯，不准留胡子，也不能留大鬓角。

③手。谈判时，握手问候、交换名片和递送文件等都会将手展示于人，因此，及时修剪指甲，保持手的干净整齐也是必要的。

2）女士

①头发。出席商务谈判的女性，应选择端庄大方的发型。过于时髦、怪异的发型，染发和不加以固定的长发，都不适合出现在这种场合，选用的发卡、发箍以朴实素雅为佳。

②面部。脸部应化淡雅的日妆，保持妆容的和谐清爽，一般不宜文眉、文眼线，唇膏和眼影也不要过于浓艳，要与服饰协调。可适当使用清新的淡香水，但香气不可过于浓烈。

③手。女性手部除保持干净整齐外，可适当使用指甲油修饰一下指甲，不宜涂抹彩色指甲油。

（2）规范着装

参加正式谈判时的着装，一定要简约、庄重，应穿着传统、简约、高雅、规范的正式服装，切不可“摩登前卫”、标新立异。

1）男士。男士应穿深色（蓝、黑、灰、棕）的三件套或两件套西装，白色（或与西装同色系）衬衣，打素色或条纹领带，配深色袜子和黑色皮鞋。

除结婚戒指外，一般不戴其他首饰，最好能戴一块有品位的手表，既能掌握时间，又是最好的装饰品。

在商务谈判场合，男士不应穿着夹克衫、牛仔裤、T恤衫、旅游鞋、凉鞋等休闲服装出席。

2）女士。端庄、典雅的套裙是女士出席谈判场合的最佳选择。以体现着装者的稳重、端庄，配上肉色的长筒袜或连裤丝袜和黑色的高（中）跟鞋。与服饰配搭，适当点缀一两件首饰或胸针（花）、丝巾等。

出席商务谈判时，女士切忌穿着太紧、太透、太花、太露、太短的休闲装或牛仔装、运动装，也不要佩戴太多的首饰，否则既显得没有教养，又显得没有品位。

（3）表情自信

案例5—3—1

中国某企业与德国某公司洽谈某种产品的出口业务。按照礼节，中方提前10分钟到达会议室。德国客人到达后，中方人员全体起立鼓掌欢迎。德方谈判人员男士个个西装革履，女士个个都身穿职业装。反观中方人员只有经理和翻译身穿西装，其他人员有穿夹克衫的，有穿牛仔服的，更有甚者穿着工作服。现场没有见到德方人员脸上出现期待的笑容，反而显示出一丝不快。更令人不解的是预定一上午的谈判日程在半小时内就草草结束，德方人员匆匆而去。

案例解析：整齐划一的着装不仅能体现一个团队的精神面貌，还能体现对对方的尊重。案例中中方人员的着装过于随意，让德方人员感到不受尊重。

谈判人员的表情务必率直、自然、友善、有正气，谈判全程应面带微笑，手势简单明了，眼神不应游移不定，否则会让对手产生不自信、紧张或松懈之感。

2. 保持风度

在整个谈判进行期间，每一位谈判者都应当自觉地保持风度。具体来说，在谈判桌上保持风度，应当主要兼顾以下两个方面。

（1）心平气和

在谈判桌上，每一位成功的谈判者均应做到心平气和、处变不惊、不急不躁、冷静处事。既不成心惹谈判对手生气，也不自己找气来生。在谈判中始终保持心平气和，是所有高明的谈判者所应保持的风度。

（2）争取双赢

谈判往往是一种利益之争，因此谈判各方无不希望在谈判中最大限度地维护或者争取自身的利益。然而从本质上来讲，真正成功的谈判，应当以妥协，即有关各方的相互让步为其结局。这也就是说，谈判不应当以“你死我活”为目标，而是应当使有关各方互利互惠、互有所得、实现双赢。在谈判中，只注意争利而不懂得适当地让利于人；只顾己方目标的实现，而指望对方一无所得，既没有风度，也不会真正赢得谈判。

知识链接　**商务谈判人员的交谈技巧**

• 音量要适中：音量适中会使声音显得更加悦耳动听，音量过大会显得没有修养。

• 慎选内容：俗话说“言为心声”，交谈内容淋漓尽致地表达了谈判者的所思所想，因此，谈判者应慎选内容，明确什么该谈，什么不该谈。

• 注意使用礼貌用语：交谈中不应出现伤害对方的言辞，应善于使用“您好”“谢谢”等礼貌用语。

• 给对方留有相应的发表意见的时间：发言之后，切忌喋喋不休，以自我为中心，应留出一定的时间供对方发表意见。

• 善于聆听对方的意见：对方发表意见时，要善于聆听对方谈话，不可表现得心不在焉，不可轻易打断别人的发言，即使有不同的观点和看法，也应等对方讲完后再表达。

3. 礼待对手

在谈判期间，谈判人员一定要礼待自己的谈判对手。具体来讲，主要需要注意以下两点。

（1）人事分开

在谈判中，必须明白对手之间的关系是“两国交兵，各为其主”。指望谈判对手对自己手下留情，甚至“里通外国”，不是自欺欺人，便是白日做梦。因此，正确地处理己方人员与谈判对手之间的关系，就是要做到人与事分别而论。在谈判之外，对手可以成为朋友。在谈判之中，朋友也会成为对手。两者不能混为一谈。

（2）讲究礼貌

在谈判过程中，谈判人员不论是身处顺境还是逆境，都切不可意气用事、举止粗鲁、表情冷漠、语言放肆，不懂得尊重谈判对手。在任何情况下，谈判者都应该待人谦和、彬彬有礼，对谈判对手友善相待。即使与对方存在严重的利益之争，也切莫对对方进行人身攻击、恶语相加、讽刺挖苦，不尊重对方的人格。

知识链接　**商务谈判中的语言禁忌**

• 忌欺诈隐骗。在商务谈判中，忌不顾客观事实，用欺、诈、隐、骗，依靠谎言或“大话”来求得自身谈判优势。

• 忌盛气凌人。参加商务谈判的人员，不管自身的行政级别多高、资历多老、所代表的企业实力多强，只要和对方坐在谈判桌前，就应坚持平等原则，平等相待、平等协商、等价交换，而不应盛气凌人，否则对方会产生对抗或报复心理。

• 忌道听途说。在商务谈判中，谈判者忌用一些未经证实的信息作为向对方讨价还价的依据，否则很容易让对方抓住谈话漏洞或把柄向己方进攻，而且还易给对方留下不认真、不严谨、不严肃、不值得充分信赖的印象。因此，在商务谈判中应避免用“据说”之类的字眼。

• 忌攻势过猛。在谈判中说话应委婉，尊重对方的意见和隐私，不要过早地锋芒毕露、急切表现，避免言语过急过猛伤害对方。

• 忌含糊不清。谈判者在阐述自身立场、观点或回答问题时，忌语塞、含含糊糊、模棱两可、前言不搭后语、相互矛盾。以免给对方留下“不痛快”“素质不高”的感觉。

• 忌以我为主。在商务谈判中，忌以我为中心，谈判者应学会倾听别人谈话，对别人的谈话表现出浓厚兴趣，多进行一些角色互换，语言应委婉、留有商量的余地。这样既能表明自己有修养，赢得对方的喜爱，同时也能更好地了解对方，摸清对方的底细和意图，一举多得。

• 忌枯燥呆板。商务谈判是一种合作性的交往，应该在一种积极、友好、轻松、融洽的氛围中进行，忌枯燥呆板。谈判者在谈判开始前应善于营造一种良好的谈判气氛，在谈判过程中也应恰当运用一些比喻，善于开一些小玩笑，使说话生动、形象、诙谐、幽默、有感染力。通过活泼的语言创造并维持一种良好的谈判气氛，这会对整个谈判格局及前景起到重要的促进作用。

第四节　商务求职面试礼仪

学习目标

- 掌握求职面试中外在形象的设计要点
- 掌握求职面试中举止礼仪的要求
- 掌握求职面试中的语言要点
- 了解求职面试中的禁忌

求职面试礼仪是求职者在求职过程中与招聘单位接待者接触时应具备的礼貌行为和仪表形态规范，通过求职者的形象、举止、语言等多方面体现求职者内在素质，对求职者能否成功入职有决定性的影响。

一、面试形象礼仪

良好的外在形象是求职者留给面试考官的第一印象，因此，合适的着装、适当的造型与发型设计在求职面试中非常重要。

1. 服装

选择服装的关键是职位要求。应聘银行、政府部门、文秘，穿着偏向传统正规；应聘公关、时尚杂志等，则可以适当地在服装上加些流行元素，显示出自己对时尚信息的捕捉能力。仪表修饰最重要的是干净整洁，不要太标榜个性，除了应聘娱乐、影视、广告这类行业外，最好不要选择太过突兀的穿着。对于应届毕业生来说，允许有一些学生气的装扮，即使面试名企，也可以穿休闲类套装。它相对正规套装，面料、鞋子、色彩的搭配自由度更高。值得注意的是，应聘时不宜佩戴太多的饰物，这容易分散考官的注意力，有时也会给考官留下不成熟的印象。

2. 化妆

女性切忌浓妆艳抹，男性最好不要有夸张文身。化妆要自然而不露痕迹，且弱化个性、强调共性。女性可以用薄而透明的粉底营造健康的肤色，用浅色口红增加女性的自然美感，用棕色眉笔调整眉形，用睫毛膏让眼睛更加有神。男性可以用清洁类的化妆品，给人干净、阳光的感觉即可。在香水的使用上要格外谨慎，避免使用浓烈或者味道怪异的香水，淡淡的清香容易让别人产生愉快的感觉。

3. 发型

发型不仅要与脸型配合，还要和年龄、体形、个性、衣着、职业要求相配合，这样才能体现出整体美感。

求职首先忌颜色夸张、怪异的染发，男性忌长发、光头。其次，女士发型要根据衣服正确搭配，如穿套装，最好将头发盘起来，这样才显得精神。再次，要善于利用视觉错觉来改变脸型，如脸型过长的人，女士可留较长的前刘海，并且尽量使两侧头发蓬松，这样长脸看起来不太明显；脖颈过短的人，则可选择干净利落的短发来拉长脖子的视觉长度；脸型太圆或者太方的人，一般不适合留齐耳的发型，也不适合中分头路，应该适当增加头顶的发量，使额头部分显得饱满，在视觉上减弱下半部分脸型的宽度。最后，根据应聘的不同职业，发型也应有所差异。比如应聘空姐，盘发更加适宜；而艺术类工作对发型的要求更宽泛一些，适当染一点色彩或者男生留略长一点的头发也可以接受。但不管设计什么发型，都应保持头发的清洁。

二、面试举止礼仪

曾任多家公司人事总监的李健说，面试能否成功，是在应聘者不经意间被决定的，而且和应聘者的言谈举止很有关系。有经验的 HR 在招收新人的时候，一眼就能看出应聘者是否是自己需要的，其气质、个性是否适合在自己的公司工作，而这些内在素质都会在平常的言谈举止中流露出来。从应聘者踏进大门的那一刻起，面试考官就开始考察其举止言行：怎样和面试人员握手、打招呼，怎样递送自己的简历，用什么样的坐姿，这些不经意间完成的动作都在公司的考察范围之内。

1. 守时

守时是职业道德的基本要求，提前 10～15 分钟到达面试地点效果最佳。提前半小时以上到达会被视为没有时间观念，但在面试时迟到或是匆匆忙忙赶到却是致命的。不管有什么理由，迟到都会被视为缺乏自我管理和约束能力。如果路程较远，可早点出门，但早到后不宜立刻进入办公室，可在附近的咖啡厅等候。

2. 面试中的肢体语言

（1）眼神

交流中目光要注视对方，但万万不可死盯着别人看。如果不止一个人在场，要经常用目光扫视一下其他人，以示尊重和平等。

（2）握手

当面试官的手伸过来之后，应立即握住，握手应该坚实有力，双眼要直视对方。不要太使劲，不要使劲摇晃；不要用两只手，用这种方式握手在西方公司看来不够专业。手应当是干燥、温暖的。如果刚刚赶到面试现场，用凉水冲冲手，使自己保持冷静。如果手心发凉，就用热水捂一下。

（3）坐姿

不要紧贴着椅背坐，不要坐满，坐下后身体要略向前倾。一般以坐满椅子的三分之二为宜。这既可以让自己腾出精力轻松应对考官的提问，也不至于让自己过于放松。

案例 5—4—1

一次，有位老师带着三个毕业生同时应聘一家公司的业务员工作，面试前老师怕学生面试时紧张，同人事部主任商量让三位同学一起面试。三位同学进入人事部主任办公室时，主任上前请三位同学入座。当主任回到办公桌前，抬头一看，欲言又止，只见两位同学坐在沙发上，一个架起二郎腿，而且两腿不停颤抖，另一个身子松懈地斜靠在沙发一角，两手攥握手指咯咯作响，只有一位同学端坐在椅子上等候面试，人事部主任起身非常客气地对两位坐在沙发上的同学说："对不起，你们二位的面试已经结束了，请回去。"这两位同学四目相对不知何故，面试什么都没问就结束了。

案例解析：俗话说"站有站相，坐有坐相"。尤其是职场中人，一个人的行为习惯会直接影响工作状态和工作效率。职场中充满机遇和挑战，同时也荆棘密布，许多日常生活中的细节会直接影响前程。

案例 5—4—2

某公司经理对他为什么要录用一个没有任何人推荐的小伙子时解释道："他带来了许多介绍信。他神态清爽，服饰整洁；在门口蹭掉了脚下带的土，进门后随手轻轻地关上了门；当他看见残疾人时主动让座；进了办公室，其他的人都从我故意放在地板上的那本书上迈过去，而他却很自然地俯身捡起并放在桌子上；他回答问题简洁明了、干脆果断，这些难道不是最好的介绍信吗?"

案例解析：这位经理的话已经很好地总结了面试时应注意的各方面的礼仪规范，包括面部清爽、服饰整洁、举止得体、对话简洁、表情自然等。

3. 面试之后致谢

为了加深招聘人员的印象，增加求职成功的可能性，面试后的两三天内，求职者最好给招聘人员写封信表示感谢。感谢信要简洁，最好不超过一页纸。信的开头应提及自己的姓名、简单情况及面试的时间，并对招聘人员表示感谢。感谢信的中间部分要重申对公司、应聘职位的兴趣。信的结尾可以表示对自己的信心，以及为公司的发展壮大做贡献的决心。

案例 5—4—3

尊敬的张经理：

您好！

我是王丽，我于20××年11月20日参加了贵公司组织的招聘面试，我应聘的是市场营销部经理这个职位。

感谢您为我面试花费的时间和精力。您的谈吐幽默风趣，与您谈话觉得很愉快。和您交谈让我了解到许多关于贵公司的情况，包括公司的历史、管理、经营、宗旨等。

正像我已经谈到过的，我的专业知识、经验和成绩对贵公司是很有用的，尤其是吃苦钻研能力。我还在公司、您本人和我三者之间发现了思想方法和管理方法上的许多共同点。我对贵公司的前途十分有信心，希望有机会与你们共同工作，为公司的发展共同努力。

再一次感谢您。我在等待您的回音，希望有机会与您再谈。

王丽

20××年 11 月 22 日

三、面试语言礼仪

谈吐语言是求职者的第二张名片，它客观反映了一个人的文化素质和内涵修养。面试时对所提出的问题要对答如流、恰到好处，又不夸夸其谈、夸大其词。

谈吐上应把握以下几个要点：

(1) 要突出个人的优点和特长，并有相当的可信度。语言要概括、简洁、有力，不要拖泥带水、轻重不分。

(2) 要展示个性，使个人形象鲜明，可以适当引用别人的言论，如用老师、朋友的评论来支持自己的描述。

(3) 坚持以事实说话，少用虚词、感叹词。

(4) 要注意语言逻辑，介绍时层次分明、重点突出。

(5) 尽量不要用简称、方言、土语和口头语，以免对方难以听懂。当不能回答某一问题时，应如实告诉对方，含糊其辞和胡吹乱侃会导致失败。

(6) 嗓音可以看出一个人是否紧张、是否自信等，平时应多练习演讲、交谈的艺术，控制说话的语速，不要尖声尖气、声细无力，应保持音调平静、音量适中，回答简练，不带"嗯""这个"等无关紧要的习惯语，这些都显示出在自我表达方面不专业。

案例 5—4—4

某游戏软件公司欲招聘三名软件开发人员，通过笔试、上机操作，有四人成绩优秀，独立学院计算机科学专业的小唐就是其中之一。面试那天小唐才知道另外三人中有两人是名牌高校的本科生，还有一个是研究生，于是小唐在心理上就觉得低人一等。面对考官的提问，小唐明明知道答案，也不敢抢先回答，害怕答错了招人笑话。即使偶尔回答问题也是抬头瞟一眼考官便迅速低下头，脸涨得通红，还不时偷看其他三位应聘者的反应。最终他被淘汰了。

案例解析：在参加面试时，面试不是拼学历，而是十分注重能力。在面试时，说话声音应恰当，不宜过大或过小；在回答考官问题时，要展现自己的素质。要主动与面试官致意交流，要积极回答问题，把自己的主张表述清楚，给人以积极、善于沟通的印象。小唐本身能力优秀，不该因学历低而失去信心。而在回答问题时明知道答案却不回答，给人以胆怯、能力不足之感。偷看他人反应则显示出小唐没有主见、不能自主，难以完成单位交予的任务，故落选。

案例 5—4—5

某大公司招聘总经理助理，由总经理亲自面试。应聘者小钱来到总经理办公室。总经理一见到小钱就说："咱们好像在一次研讨会上见过，我还读过你发表的文章，很赞赏你所提出的关于拓展市场的观点。"小钱一愣，知道总经理认错人了。但转念一想，既然总经理对那个人那么有好感，不如将错就错，对自己肯定有好处。于是就接着总经理的话说："对，对。我对那次研讨会也记忆犹新，我提出的观点能对贵公司有帮助，我感到很高兴。"

第二个来应聘的是小高，总经理对他说了同样的话。小高想：真是天助我也，他认错人了。于是说："我对您也非常敬佩，您在那次研讨会上是最受关注的对象。"

第三个来应聘的是小孙。总经理再次说了同样的话。但小孙一听就站起来说："总经理先生，对不起，您认错人了。我从来没有参加过那样的研讨会，也没提出过拓展市场的观点。"总经理一听就笑了，说："小伙子，请坐下。我要招聘的就是你这样的人。你被录用了。"

案例解析：诚实是一种力量的象征，它显示着一个人的高度自重和内心的安全感与尊严感。企业招聘人才要用诚实可信的员工来为自己工作，才能提升企业的信誉。"坚持实事求是，以诚信为本"不仅是面试礼仪中的基本要求，也是做人的根本要求。前两位应聘者耍小聪明，但是聪明反被聪明误。第三位应聘者小孙能诚信待人，所以应聘成功。

四、面试禁忌

1. 忌握手无力、靠近主试者过近

中国人见面问候的方式是握手，面试时与主试者应恰如其分地轻轻一握，不要有气无力地被动握手，给对方一种精力不足、身体虚弱之感。落座后应与对方保持合适的距离，不能过分靠近对方、逼视对方。更不能以姓名称呼主试者，而应时时表现出对主试者的尊敬。

2. 忌坐立不安、举止失当

面试时绝不能做小动作，如摇头晃脑、频频改变坐姿，更不能嚼口香糖、抽烟。主试者可能示意应聘者抽烟，但最好谢绝其好意。主试者的"宽宏大量"是暴露应聘者弱点的最佳武器之一，在整个面试过程中，注意不要让自己的小毛病浮出水面。

3. 忌言语离题

有的求职者讲话不分场合、不看对象，让主试者听得莫名其妙。例如说些俗不可耐的笑话，谈及家庭和经济方面的问题，讲些涉及个人生活的小道消息，或任意对面试室的家具和装修评头论足。主试者没有时间猜测应聘者想真正表达的是什么。

4. 忌说得太急

言谈中迫不及待想得到这个工作，急着回答自己没听清或没有理解透彻的问题，而

不是有礼貌地请对方再说一遍或再说明；不加解释就自称掌握某种技术，何处培训、何时参加、何人教授一律避而不答，令人生疑。正所谓“欲速则不达”。

5. 忌提问幼稚

在向考官提问时要考虑自己提的问题是否有价值或者主考官是否已经回答过或解释过。千万别提一些很幼稚的问题，如：“办公室有空调吗?”“你知道某某主任在哪里吗?”

6. 忌言语粗俗

粗俗的语言、毫不修饰的语言习惯并不代表男子汉的气概或不拘小节，反倒令人难堪、生厌。

7. 忌反应迟钝

聆听主试者讲话并非单纯用耳朵，还包括其他所有的器官；不仅用头脑，还得用心灵。如果对方说话时自己双眼无神、反应迟钝，这会让主试者失去信心，不论将来如何推销自己，一切基本上都是徒劳，败局已定。

8. 忌做鬼脸

顽童做鬼脸，人们往往觉得其天真可爱，而且在平时人们的表达中也经常用到。但是，在面试中夸张的鬼脸会使主试者认为你过于造作、善于伪装、会演戏，另外，表达恶意的鬼脸更容易令对方觉得你是没有礼貌、无教养的。

9. 忌担当被审查的角色

应聘者应意识到面试是一种机会平等的面谈，不是公安机关审讯嫌疑犯。不要过多理会主试者的态度。一开始就与应聘者谈笑风生的主试者是没有的，多数人的表情是正儿八经的。应聘者应该把自己解放出来，自信不紧张，保持微笑，不要担当被审查的角色，这样才利于自己的正常发挥。

思考与练习

一、简答题

1. 简述商务谈判人员的形象礼仪。
2. 简述商务谈判中的语言技巧。
3. 简述签约仪式的准备礼仪。
4. 简述参加签约仪式的礼仪要求。
5. 简述开业仪式的准备礼仪。
6. 简述剪彩仪式的礼仪组织。
7. 简述庆典的程序礼仪。
8. 简述参加庆典的礼仪。

二、实践题

7 月 15 日是国能电力公司与美国 PALID 公司在多次谈判后达成协议、准备正式签字的日期，国能电力公司负责签字仪式的现场准备工作。国能电力公司将公司总部十楼的会议室作为签字现场，在会议室摆放了鲜花，长方形签字桌上临时铺设了深绿色的台布，摆放了中美两国的国旗，美国国旗放在签字桌左侧，中国国旗放在右侧，签字文本一式两份放在黑色塑料的文件夹内，签字笔、吸墨器等文具分别放置在两边，会议室空调温度控制在20℃。办公室陈主任检查了签字现场，觉得一切安排妥当，他让办公室张小姐通知国能电力董事长、总经理等我方签字人员在会议室等待，自己到楼下准备迎接客商。

上午九点，美方总经理一行乘坐一辆高级轿车，准时驶入国能电力公司总部办公楼。司机熟练地将车平稳地停在楼前，陈主任在门口迎候，他见副驾驶座上是一位女宾，陈主任以娴熟优雅的姿势先为前排女宾打开车门，并做好护顶姿势，同时礼貌地问候对方，紧接着，陈主任迅速走到右后门，准备以同样动作迎接后排客人，不料，前排女宾已经先于他打开了后门，迎候后排男宾，陈主任急忙上前问候，但明显感觉女宾和后排男宾有不悦之色。陈主任一边引导客人进入大厅来到电梯口，一边告知客人董事长在会议室等待，电梯到达十楼后，陈主任按住电梯控制开关，请客商先出，自己后出，然后引导客人到会议室，在会议室等待的国能电力公司的签字人员在客人进入会议室时，马上起立鼓掌欢迎，刘董事长急忙从座位上站起来，主动同对方客人握手，不料，美方客人在扫视了会议室后，似乎非常不满，不肯就座，好像是临时改变了主意，不想签字了。问题出在哪里呢？

问题：

1. 国能电力公司安排的这次签字活动有不当之处吗？请指出并改正。
2. 外方客人不悦和临时变卦的主要原因是什么？

第六章 涉外礼仪

第一节 涉外礼仪概述

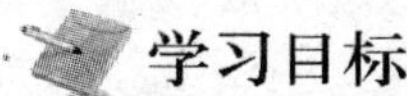

学习目标

- 了解涉外礼仪的内涵
- 了解涉外礼仪的特点
- 掌握涉外礼仪的基本原则

一、涉外礼仪的内涵

涉外礼仪是指在长期的国际往来中，逐步形成的外事礼仪规范，也就是人们参与国际交往所要遵守的惯例，是约定俗成的做法。

二、涉外礼仪的特点

涉外礼仪除了礼仪本身的共性特点外，还具有其独特的个性特征。

1. 国际性

涉外礼仪是各国、各地区、各民族间的礼仪相互影响、互促互进的结果，是能被世界各国共同遵守的礼仪原则与规范。

2. 时代引领性

涉外礼仪不仅具有各国、各民族自身的历史传统和民族特色，而且体现着时代的要求和时代的精神，随着时代的发展变化不断发展完善。

3. 对象性

不同的国家、不同的地区、不同的民族均具有各自特有的礼仪习俗。为了体现出对其尊重，在与其交往时，尤其是民间交往时，更应关注交往对象的礼仪特征。

案例 6—1—1

1957 年国庆节后，周总理去机场送一位外国元首离京。当那位元首的专机腾空起飞后，外国使节、武官的队列依然整齐，并对元首座机行注目礼。而我国政府的几位部长和一位军队的将军却疾步离开了队列。他们有的想往车里钻，有的想去吸烟。周总理目睹这一情况后，当即派人把他们叫回来，一起昂首向在机场上空盘旋的飞机行告别礼。待送走外国的使节和武官后，总理特地把中国的送行官员全体留下来，严肃地给大家上了一课："外国元首的座机起飞后绕机场上空盘旋，是表示对东道国的感谢，东道国的主人必须等飞机从视线里消失后才能离开，否则，就是礼貌不周。我们是政府的工作人员和军队的干部，我们的举动代表着人民和军队的仪表，虽然这只是几分钟的事，但如果我们不加以注意，就很可能因小失大，让国家的形象受损。"

案例解析：常规的道别是当客人准备告辞的时候，一般应真诚挽留。不论是朋友来访，还是业务上的往来，当对方走时，作为东道主，一定要热情相送，不要一出门，就不送了。刚才谈得再热情再友好，一关门就把对方推出去了，对方会从心里感到不自在。所以无论是谁来访，无论对方多客气地不让送，都要送对方一段，并且要在客人的身影完全消失以后才能返回，否则，当客人走完一段再回头致意时，发现主人不在，心里会很不是滋味。

本案例是涉外礼仪中国与国的道别，按照国际惯例外国元首的座机起飞后绕机场上空盘旋，是表示对东道国的感谢，东道国也要以礼相待，恭敬地目送飞机一直到飞机飞远为止。

三、涉外礼仪的基本原则

1. 热情有度

进行涉外商务活动时，要做到热情有度，即对待对方既要表现得热情友好，又要把握好具体分寸。切勿使自己对待对方的热情友好超出了对方所能接受的界限，进而令对方感到不快，甚至为对方添了麻烦。

把握好热情有度之中的"度"，具体体现在下列三个不同的侧面。

（1）关心有度

与中国人彼此之间所倡导的"关心他人比关心自己更重要"有别，外国人大都崇尚个性独立、以我为尊、绝对自由。因此，外国人一般都不希望外人对其过于关心，否则便会视之为碍手碍脚、多管闲事。

外国人所注重的关心有度之中的"度"，实际上就是其个人自由。一旦对对方的关心有碍其个人自由，即被视为"过度"之举。

（2）批评有度

各国习俗不同，对同一事物的判断便大相径庭，所以在涉外活动中没有必要对外国人的所作所为加以判断，并当面指出其对错。只要对方的所作所为不危及人身安全、不触犯法律、不有悖伦理道德、不有辱我方的国格人格，一般均可听其自便。批评有度，简单地讲，就是不提倡对外国人“犯颜直谏”，即对其日常行为“不得纠正”。

(3) 交往有度

外国人大都认为“君子之交淡如水”，不惯于与交往对象走动过勤、过多。在涉及钱财之时，尤其讲究划清界限，即便家人、至交也概莫能外。这便是所谓交往有度之中的“度”。

2. 尊重隐私

尊重隐私，实际是上述“热情有度”的顺理成章的推论。所谓尊重隐私，主要是提倡在国际交往中主动尊重每一位交往对象的个人隐私，不询问其个人秘密，不打探其不愿公开的私人事宜。目前，在国际社会里，尊重隐私与否已被公认为一个人在待人接物方面有无个人教养的基本标志。

知识链接　**涉外交往八不问**

1. 不问收入支出。收入与支出问题，实际上与个人的能力相关，并事关个人脸面。交谈时一旦涉及此点，便让交谈之人没有平等与尊严可言。

2. 不问年龄大小。在国际社会里，人们普遍将本人的年龄视为“核心机密”，并且讳言年老。西方的白领丽人特别讲究这一点。

3. 不问恋爱婚姻。谈论婚恋问题，在国外不仅被视为无聊，而且还有可能被视为成心令人难堪，或是对交谈对象进行“性骚扰”。

4. 不问身体健康。每个人的身体状况与健康状况，均为其立足于社会的重要“资本”，所以轻易不会将实情告之于人。

5. 不问家庭住址。家庭被外国人看作私人领地，故对外绝不公开。即便是私宅的电话号码，也通常不会对外界公开。

6. 不问个人经历。外国人主张“英雄莫问出处”，追问个人经历则往往会被看作居心不良，或缺少教养。

7. 不问信仰、政见。在国际社会里，国与国、人与人之间都提倡“超意识形态合作”，所以对交往对象的信仰、政见不应冒昧地打探。

8. 不问所忙何事。“所忙何事”在外国人心中绝对属于个人自由。向其询问此点，肯定会被视为“没话找话”。

3. 信守约定

在国际社会里，人们十分重视交往对象的信誉，讲究“言必信，行必果”。信守约定，就是与此相关的一条重要的国际惯例。必须严肃而认真地遵守自己的所有正式承诺，说话必须算数，许诺必须兑现，约会必须如约而至。在一切与时间有关的约定中，必须一丝不苟。唯其如此，方能取信于人。

4. 不卑不亢

不卑不亢的含义是每个人在参与涉外活动时，都必须意识到自己在外国人的眼里是代表着自己的国家、代表着自己的民族、代表着自己的所在单位。因此，其言行应当从容得体、堂堂正正。在参与涉外活动时，既不要畏惧自卑、低三下四，也不要狂妄自大、目中无人。同时，在交往中要实事求是、不过谦、不说过头话。

案例 6—1—2

一位英国老妇到中国旅游观光，对接待她的导游小姐评价颇好，认为她服务态度好，语言水平也很高，便夸奖该导游小姐说："你的英语讲得好极了！"导游小姐按照中国人的习惯，谦虚地回应说："我的英语说得不好。"英国老妇一听生气了，心想："英语是我的母语，难道我都不知道英语该怎么讲?"她越想越气，第二天坚决要求旅行社给她换导游。这件事在旅游行业乃至所有的窗口行业都引起极大反应。

案例解析：中国人待人接物一般讲究含蓄和委婉，还特别客套。相反，西方人外向且实事求是。因此在涉外交往中，不仅要热情友好，还要把握好热情友好的分寸，使对方感到亲切、自然，否则，事与愿违，过犹不及。"过头"了就会给人一种卑躬屈膝、低三下四的感觉，"不及"，又可能给人留下自大狂傲、放肆嚣张的印象。对外交往虽不能自吹自擂、自我标榜，却也不必妄自菲薄、自我贬低。过度地谦虚客套，容易让人怀疑真实能力。尊重别人的前提就是要学会自尊，要敢于和善于对自己进行正确的评价和肯定，在言行举止方面做到不卑不亢、从容得体。

本案例中，面对外宾的表扬，最得体的回答就是不卑不亢地说声"谢谢"。

5. 求同存异

所谓"求同存异"，是指在涉外交往中为了减少麻烦、避免误会，最为可行的做法是不仅对交往对象所在国的礼仪与习俗有所了解并予以尊重，对于国际上所通行的礼仪惯例更要认真地加以遵守。

6. 女士优先

女士优先，是国际社会尤其是西方国家所通行的交际惯例之一。它是指在一切社交场合，每一名有教养的成年男子都要积极主动地用实际行动去表示自己对妇女的尊敬之意，并应想方设法在具体行动上为妇女排忧解难。外国人普遍认为，一名男子如果不对"女士优先"身体力行，便是没有教养的粗汉莽夫。只有在某些东方国家里，"女士优先"才行不通。

7. 入乡随俗

"入乡随俗"，是涉外礼仪的基本原则之一。出国或在国内接触外宾，都要尊重对方的风俗习惯与礼节。由于不同国家的社会制度差异，文化习俗有别，思维方式与理解角度也往往差别较大。因此，每到一个国家或接待来自某一国的客人，都要事先了解该国的礼俗，即使相当熟悉的友人，也应注意基本礼仪。在交往中相互尊重，谨慎从事，不能不拘小节或超过限度。

第二节　主要国家（地区）的涉外礼仪

学习目标

- 掌握亚洲主要国家（地区）的礼节和禁忌
- 掌握欧美主要国家（地区）的礼节和禁忌
- 掌握非洲和大洋洲主要国家（地区）的礼节和禁忌

一、亚洲主要国家（地区）的礼节与禁忌

1. 日本

（1）日本商务礼节

1）日本人初次见面，双方互相鞠躬、互递名片，一般不握手；老朋友见面，可行握手礼或拥抱礼。

2）日本人非常注重礼貌用语，常用的寒暄语有："您早""您好""晚安""初次见面，请多多关照""拜托您了""对不起""失陪了"等。

3）日本人在商务活动中很注意名片的作用，认为名片表明一个人的社会地位，因此总是随身携带。

4）宴请宾客时，必须由主人自己斟酒；在斟酒时壶嘴不可碰杯口；客人需以右手持杯，左手托底接受斟酒；客人必须接受第一杯酒，但可以谢绝第二杯酒；当客人不喝酒时，不可将酒杯向下扣放，应等大家喝完后才可一起扣放。

5）不用香烟待客，即使自己吸烟也不敬烟。

6）日本人喜欢送礼、看重送礼；日本人的礼品喜用淡色礼品纸包装，若用红色彩带包扎礼品象征身体健康。

（2）日本禁忌礼仪

1）忌绿色，认为绿色不吉祥。

2）忌荷花图案，认为荷花是丧花。

3）忌"9"和"4"，因"9"在日语中的发音与"苦"相同，"4"与"死"相同。

4）日本商人忌 2 月和 8 月，因为这两个月是营业淡季。

5）忌三人合影，因为三人合影，中间的人被左右两人夹着，是不祥的预兆。

6）慎用"先生"作为称呼。在日本，"先生"一词只限于称呼教师、医生、年长者、上级或有特殊贡献的人。对一般人称"先生"，会使他们处于尴尬境地。

7）忌"八筷"（舔筷、迷筷、移筷、掏筷、跨筷、剔筷、扭筷、插筷）。

8）忌用同一双筷子给宴席上所有人夹取食物。

2. 韩国

（1）韩国商务礼节

1）与韩国公司第一次交往，必须有第三者介绍，约好后应准时赴约。

2）同韩国人见面时，先行鞠躬礼，再行握手礼，并应有适度的眼神接触。

3）韩国人在相互交换名片前，需行鞠躬礼。

4）不可直呼韩国人的名字，可在其姓后加先生，如“金先生”，为了表示对年长者的尊重，对男士可以用其头衔代替“先生”，如“金会长”。

5）与韩国人的商务交往，晚宴不可少。应邀出席宴请一般不带夫人参加，而且要做好喝酒的准备。

6）客人不可再三推辞主人的劝酒，要奉陪到底，一醉方休。

7）敬酒人应把自己的酒杯举得低一些，用自己杯子的杯沿去碰对方的杯身，敬完酒后再鞠个躬。

8）接受了韩国人的宴请后，礼节上要回请对方。

9）到办公室会见合作伙伴或到韩国人的家中做客，通常要带礼物；赠送礼物时要用双手呈上礼物，接收者或许会把礼物放在一边，以后再打开。

10）收到韩国人赠送的礼物时，应该用双手接过礼物，以后再打开。

（2）韩国禁忌礼仪

1）韩国人忌讳数字“4”。

2）照相在韩国受到严格限制，军事设施、机场、水库、地铁、博物馆及娱乐场所都是禁照对象，在空中和高层建筑拍照也都在被禁之列。

3）逢年过节时，不能说不吉利的话，不能生气、吵架。

4）对其国家或民族进行称呼时，不要将其称为“南朝鲜”“南韩”或“朝鲜人”，而宜称为“韩国”“韩国人”。

5）与韩国人交谈时，可选择的话题有韩国文化、国家的经济成就、足球等，应避免的话题有政治腐败、经济危机、南北分裂、韩美关系、韩日关系等。

3. 泰国

（1）泰国商务礼节

1）泰国人十分讲究文明礼貌，多数情况下行传统的合十礼，但在相当西化的场合也采用握手礼。

2）泰国人的姓名在世界各国中是较长的，平时只称呼名，而不是按姓来称呼对方，如“建国先生”“玉兰女士”。

3）到泰国朋友家进行商务拜访或做客，必须事先预约，并要准时赴约。

4）泰国人有进门先脱鞋的习惯，到当地人家做客，如果发现室内设有佛坛，必须马上脱掉鞋、袜和帽子。

5）到泰国朋友家中做客时，客人可向主人赠送一些表示友谊的礼物，但事先应注意将礼物包装得精美一些，送一束鲜花是一种高雅的社会交往礼仪。

（2）泰国禁忌礼仪

1）忌议论佛祖和国王。在泰国，不能说买佛像，要用“请”；切不可将佛像随意放置或粗暴对待。

2）忌用红笔签名和画狗的图案。

3）忌用手触摸他人头部，也忌讳从坐着的人头顶上拿过东西。

4）忌讳跷脚，把鞋底对着别人，这被认为是把别人踩在脚下，是一种侮辱性的举止。

5）忌用左手传递东西。如不得已使用左手，要表示歉意：“请原谅，左手。”

4. 印度

（1）印度商务礼节

1）印度人相互见面的礼节，有合掌、举手示意、拥抱、摸脚、吻脚。摸脚礼和吻脚礼是印度的最高礼节。

2）印度伊斯兰教徒的见面礼节是按其传统宗教方式，用右手按胸，同时点头，口念“真主保佑”。

3）现代在社交场合上的印度男人也开始运用握手礼节，但印度妇女除在重大外交场合外，一般不与男人握手。

（2）印度禁忌礼仪

1）忌讳白色，认为白色表示内心的悲哀，习惯用百合花当作悼念品。

2）忌讳弯月的图案。

3）把1、3、7视为不吉利的数字，所以总要设法避免这些数字的出现。

4）忌讳左手传递东西或食物。

5）忌讳众人在同一盘中取食，也不吃别人接触过的食物，甚至别人清洗过的茶杯，也要自己再洗涤一遍后才使用。

6）由于印度人敬牛如神，所以禁食牛肉。

5. 港、澳、台地区

（1）港、澳、台商务礼节

1）与港、澳、台的商务人士见面，一般行握手礼，商务活动需要交换名片。

2）称呼上普遍使用“先生”“夫人”“太太”“小姐”之类。

3）港、澳对政府机关工作人员、警察等，男性可称“sir”，女性称“Miss”“Madam”。工人、工匠等称“师傅”，男接待、售货员称“伙计”，女接待称“小姐”。

4）去拜访香港客人时，若主人奉茶，客人要在主人喝过后才可饮用。若主人长时间未饮茶，忽然举杯只呷一口，则表示送客。

5）香港人首次见面，可送些小礼品，颜色以金黄色与绿色为佳。

6）登门访问台湾客人时，宜带一样小礼品，并双手呈送。忌送扇子、剪刀、雨伞、甜果、粽子。

7）接受香港人的礼品时，不可当面打开。

（2）港、澳、台禁忌礼仪

1）香港人遇到别人称赞时，忌说“谢谢”。

2）香港人忌蓝色。

3）台湾人忌讳别人打听工资、年龄和家庭住址。

4）台湾人忌冲对方眨眼。

5）港、澳、台地区的人都忌数字“4”。

二、欧美主要国家（地区）的礼节与禁忌

1. 美国

（1）美国商务礼节

1）美国人初次见面时常行点头礼、微笑礼，但熟人见面可行亲吻礼和拥抱礼。

2）多数美国人，不论年龄，大家都喜欢直呼其名，并认为这是亲切友好的表示。而不喜欢用“先生”“夫人”或“小姐”之类的称呼，认为这类称呼太过于郑重其事。

3）美国商界普遍流行早餐和午餐约会谈判，赴约要准时，恪守时间。

4）宴请时，当女士步入客厅时，男士应该站起来，直到女士找到位子才可坐下。

5）美国商人在生意交谈结束时赠送礼物。

6）美国人收到礼物时习惯马上打开，并当面欣赏礼物和致谢。

（2）美国禁忌礼仪

1）美国人忌数字13和星期五。

2）美国人忌蝙蝠、黑猫。认为蝙蝠是凶神恶煞的象征，黑猫会给人带来厄运。

3）美国人忌穿睡衣出门或会客。认为穿睡衣会客等于没穿衣服，是没有礼貌的行为。

4）美国人最忌男性之间勾肩搭背，忌同性双双起舞，认为这是一种不正常行为。

5）美国人忌到亲友家赴宴不带礼物，但忌送厚礼，忌送女士香水、化妆品或衣物(可送头巾)。

6）美国人忌冲对方伸舌头、盯视，忌用食指指点交往对象，认为这种举动是侮辱他人的动作。

7）美国人忌讳别人说自己“长胖了”，因为美国人大都认为“胖人穷”“瘦人富”。

2. 英国

（1）英国商务礼节

1）英国人见面都行握手礼。

2）英国人尤其是年长的英国人以世袭头衔或荣誉头衔为荣，习惯于“先生”“夫人”“阁下”等称呼。

3）英国重大的宴请活动，一般都安排在晚餐进行。

4）英国人招待客人的时间往往要持续 3 小时，先喝果汁苏打水，接着是白葡萄酒、红葡萄酒，然后是雪茄烟，最后是白兰地酒。

5）英国人下班后不谈公事，特别讨厌就餐时谈公事，也不喜欢邀请有公事交往的人到自己家中吃饭。

6）到英国人家中做客，晚到 10 分钟被视为是礼貌行为。

7）英国人不喜欢带有客人公司标记的纪念品。

8）在英国，服饰、香皂之类涉及个人私生活的物品不宜作为礼品送人。

（2）英国禁忌礼仪

1）英国人忌讳数字“13”。如果 13 日又是星期五的话，则认为是双倍的不吉利。

2）英国人忌用人像作商品装潢，忌大象、猫头鹰、孔雀、山羊图案。

3）英国人忌送菊花和百合花。

4）英国人忌讳的话题有个人年龄、职业、婚姻、收入、宗教、英国皇家的家事等。

5）英国人忌下列行为：一是忌讳当众打喷嚏；二是忌讳用同一根火柴连续点 3 支香烟；三是忌讳把鞋子放在桌子上；四是忌讳在屋子里撑伞；五是忌讳从梯子下面走过；六是忌讳当着人的面耳语；七是忌讳拍打肩背。

6）与英国人谈话，忌两腿张得过宽，忌跷起二郎腿，忌把手插入衣袋。

3. 法国

（1）法国商务礼节

1）法国人常用的见面礼有握手礼、拥抱礼和吻面礼。

2）称呼法国人时，宜在其姓氏后加上“先生”“夫人（女士）”“小姐”。

3）与法国人打交道时，有时需要使用谦称或敬称。

4）法国人忌讳的称呼有“老人家”“老太太”“老先生”。

5）家宴是法国商人对客人的最隆重的款待，而且不会被视为是交易的延伸。

6）在正式宴会上，如果餐桌上没有烟灰缸，则不可抽烟。

7）法国人初次见面，一般不需要送礼，但第二次见面，礼节上就应考虑送礼物。

8）若应邀到对方家里用晚餐，应先叫花店送些花去。

（2）法国禁忌礼仪

1）法国人忌送菊花、康乃馨和纸做的花。送花通常要单数，但不吉利的 13 除外。

2）法国人忌黑桃、仙鹤图案。认为黑桃图案不吉利，仙鹤图案是蠢汉和淫妇的代称。

3）法国人忌墨绿色，因为这会使其联想起当年侵占法国的德国纳粹军队。

4）法国男士忌送女士香水和化妆品，因为有过分亲热或不轨企图之嫌。也忌送刀、剑、餐具之类的物品，因为有一刀两断之嫌。

4. 德国

(1) 德国商务礼节

1) 德国人的见面礼通常为握手礼。

2) 在德国，不要直呼其名，若对方有学术或职业的头衔，应用学术或职业的头衔称呼对方，如“教授”和“博士”，因为在德国，获得学术或职业的头衔是引以为傲的资本。

3) 与德国人交往，如果有学术或职业头衔，一定要印在名片上。

4) 在德国人的宴会上，遵循以右为尊的原则，当女士离开饭桌或回来时，男士要起立以示礼貌。

5) 宴会结束后的两三天要给主人写个短柬或便条，表示感谢。

6) 给德国人送礼，应尽量选择有民族特色、带文化感的东西。

7) 给德国人送礼，忌送剪刀、餐刀、餐叉等，因为其有“断交”之嫌；给德国女士忌送玫瑰、香水和内衣，因为红玫瑰代表爱情，只能送给妻子或恋人，香水与内衣表示“亲近”，即使女性之间，也不宜互赠这类物品。

8) 到德国人家做客忌送葡萄酒，鲜花是送女主人的最好礼物，但忌送双数。

(2) 德国禁忌礼仪

1) 德国人忌讳“13”和“星期五”，认为“13”是厄运的数字。如果“13”与“星期五”在同一日，就更为不吉利，感觉就要大难临头了。

2) 德国人忌以茶色、红色、深蓝色和黑色做包装色。

3) 德国人忌吃羊肉、鱼虾、动物内脏和核桃。

4) 德国人服饰和其他商品包装上忌用纳粹标志或类似的符号。

5) 德国人忌讳蔷薇、菊花，不能随意作为礼物送人。

6) 德国人忌讳他人询问自己的年龄、工资、信仰、婚姻状况等问题，认为这是个人的私事，无须他人过问干涉。

7) 德国人不喜欢听恭维话，更不爱听过分的恭维话。

8) 德国人忌讳在公共场合窃窃私语（夫妻和恋人除外），因为这容易引起他人的疑心。

9) 德国人忌讳目光盯住他人，认为这有不轨之嫌。

10) 德国人忌讳交叉式谈话。

5. 俄罗斯

(1) 俄罗斯商务礼节

1) 俄罗斯人初次见面行握手礼，许久未见的朋友行拥抱礼。

2) 俄罗斯人相互介绍按女士、长者、男士、年轻人的先后顺序进行。

3) 俄罗斯女士未伸手之前，切不可先与其握手。

4) 在俄罗斯想抽烟，必须征得在场女士的允许。

5）在称呼上，熟人之间，直呼其名（本名）；陌生人之间，年轻人对长辈、下级对上级则必须使用尊称，即本名、父名、姓氏加“先生”“夫人”等称呼或头衔。

6）在俄罗斯“您”与“你”不可任意乱用。对陌生人或长辈、上司、女士、师长一律用“您”；上级对下级用“您”则表示亲切友善；长辈对晚辈用“您”则表示不客气和愠怒，具有讽刺意味。

7）参加俄罗斯人的宴请时，宜对其菜肴加以称赞，并且尽量多吃一些。

8）俄罗斯人将手放在喉部，一般表示已经吃饱。

9）俄罗斯人忌讳用餐发出声响，不能用匙直接饮茶或让其直立于杯中。

10）俄罗斯人吃饭时只用盘子，不用碗。

11）给客人吃面包和盐是俄罗斯人最殷勤的表示。

12）在俄罗斯，鲜花是深受欢迎的礼物。赠送鲜花时，颜色应以红色为宜，数量应以单数为宜，因为俄罗斯人视单数为吉祥的象征。但参加丧礼时，要送双数的鲜花，通常选择康乃馨或郁金香。

13）在俄罗斯，可以作为馈赠礼品的有酒、鲜花、艺术品和书籍。

（2）俄罗斯禁忌礼仪

1）俄罗斯人忌送钱，认为送钱是对人格的侮辱。

2）俄罗斯人忌黑色。

3）俄罗斯人忌食狗肉、海参、墨鱼、木耳。

4）与俄罗斯人交往忌说其小气，忌在俄罗斯人的背后议论第三者。

5）俄罗斯人忌问对方私事，忌问妇女的年龄等。

6）俄罗斯人忌打碎镜子，打碎镜子意味着灵魂的毁灭，个人生活中将出现不幸，而打碎杯子和碗，特别是盘子和碟子，则并非是禁忌与不祥，而意味着宝贵和幸福。

三、非洲及大洋洲主要国家（地区）的礼节与禁忌

1. 埃及

（1）埃及商务礼节

1）埃及人见面一般都行握手礼、拥抱礼，偶尔行亲吻礼。

2）埃及人打招呼时，常称对方为“阿凡提”，即“先生”“阁下”的意思。

3）埃及人喜欢对方称呼自己的头衔。

4）埃及人的晚餐往往到22：30以后才开始。

5）埃及人习惯上用发誓等方式劝客人多吃，宴会从头至尾主人均会表现得非常热情。

6）埃及商人在办公室里或社交场合，总要喝茶或咖啡，但每人一般不超过三杯，当喝完之后，要将杯子转动一下再递给主人，表示“够了，谢谢”。

7）受邀至埃及人家中做客，可以带一些鲜花与巧克力作为礼物。

（2）埃及禁忌礼仪

1）埃及人忌蓝色、黑色和黄色的花。

2）埃及人忌谈中东的政治问题，有关猪、狗的事。

3）埃及人忌用左手握手、递东西，因为他们认为左手是用来拿脏东西的，不洁净。

4）在埃及，15：00到17：00忌讳针，这一时段人们既不买针也不卖针。

5）埃及人忌在他人面前打哈欠、打喷嚏，如果实在控制不住，应转身捂嘴，并道声“对不起”。

6）进餐中，埃及人忌将盘子里的食品吃光、忌饮酒。

2. 南非

（1）南非商务礼节

1）南非人在正式社交场合一般都行握手礼。

2）南非的黑人对受尊敬的人习惯用左手握住右手手腕，然后再用右手与对方握手。

3）南非的黑人在与尊贵的客人相见或分别时，时常送上一支孔雀羽毛。

4）南非人称对方为“先生”“小姐”“夫人”等。

5）在南非黑人家做客，主人喜欢用刚挤出的牛奶、羊奶或自制的啤酒待客，客人一定要多喝，最好一饮而尽。

（2）南非禁忌礼仪

1）南非的黑人忌讳外人对自己的祖先言行失敬。

2）南非忌讳的话题有为白人评功摆好、评论不同黑人部族与派别之间的关系及矛盾、非议黑人的古老习惯、为对方生了男孩表示祝贺。

3. 澳大利亚

（1）澳大利亚商务礼节

1）澳大利亚人相见时通常行握手礼，熟人见面可随便地说一声“Hello”，或是挤一下左眼，有些土著居民之间则用中指相互勾拉一下。

2）在澳大利亚，“伙伴”是一种友好的称呼，“先生”则是一种敬称，商务交往中也可直呼名字。

3）澳籍英国移民后裔忌在餐桌上谈生意，但澳籍美国移民后裔则正好相反。

4）英国文化背景的澳大利亚人喜欢茶、橘子汁、苏格兰威士忌、脆饼作为礼物，亚洲和南欧的澳大利亚人则喜欢来自祖国的礼物。

（2）澳大利亚禁忌礼仪

1）澳大利亚人忌讳自谦的客套语言，认为这是虚伪、无能或看不起人的表现。

2）澳大利亚人认为兔子是一种不吉利的动物，认为碰到兔子可能是厄运降临的预兆。

3）谈话中应避免评论澳大利亚与英美的异同。

4）除工会、宗教与个人问题外，其他话题几乎都可与澳大利亚人谈，但澳大利亚人对“社会与现代人社会的关系、袋鼠数量的控制”这两个问题比较敏感，不宜过多涉及。

思考与练习

一、简答题

1. 简述涉外礼仪的基本原则。
2. 简述与日本人打交道时的礼仪细则。
3. 简述与德国人打交道时的礼仪细则。
4. 简述与美国人打交道时的礼仪细则。
5. 简述与澳大利亚人打交道时的礼仪细则。

二、实践题

一天，参加工作不久的杨安琪小姐被派到外地出差。在卧铺车厢里，碰到一位来华旅游的美国姑娘。美国姑娘热情地向杨安琪打招呼，使杨小姐觉得不与人家寒暄几句实在显得不够友善，便操着一口流利的英语，大大方方地与对方聊了起来。

交谈中，杨小姐有点没话找话地询问对方：“你今年多大岁数呢?”美国姑娘所答非所问地说：“你猜猜看。”杨小姐自觉没趣，又问道：“你这个岁数，一定结婚了吧?”更令杨小姐吃惊的是，对方居然转过头去，再也不理她了。一直到分手，两个人再也没说一句话。

问题：为什么这位美国姑娘再也不理杨小姐了?